清华学堂人才培养计划

钱学森力学班

教学与培养实践十周年

理念、过程及成效

孙　沛　郑泉水　主编

清华大学出版社
北京

内 容 简 介

　　清华大学钱学森力学班（简称"钱学森班"）隶属于国家"基础学科拔尖学生培养试验计划"以及"清华学堂人才培养计划"，是当前我国高等工程教育领域中关于创新型人才培养的重要试验班之一。本书写在清华大学钱学森力学班建班十周年之际，旨在对其过去的培养经验进行总结，以更好地指导下一个十年的发展规划。本书通过对钱学森班的教师们进行深度访谈，建构了钱学森班的人才素质模型，对钱学森班以往的十届学生进行问卷调研，了解了其在钱学森班的学习生活以及当前的发展现状，并系统探讨了未来十年钱学森班在人才选拔和培养上的教育理念和努力方向。希望本书能对国内其他大学正在进行的类似实践项目有所启发。

版权所有，侵权必究。举报：010-62782989，beiqinquan@tup.tsinghua.edu.cn。

图书在版编目(CIP)数据

　　清华学堂人才培养计划钱学森力学班教学与培养实践十周年：理念、过程及成效/孙沛，郑泉水主编.—北京：清华大学出版社，2019（2022.3重印）

　　ISBN 978-7-302-53478-5

　　Ⅰ.①清…　Ⅱ.①孙…　②郑…　Ⅲ.①清华大学－人才培养－概况　Ⅳ.①G649.281

　　中国版本图书馆 CIP 数据核字(2019)第 172261 号

责任编辑：佟丽霞
封面设计：傅瑞学
责任校对：赵丽敏
责任印制：沈　露

出版发行：清华大学出版社
　　　　网　　　址：http://www.tup.com.cn, http://www.wqbook.com
　　　　地　　　址：北京清华大学学研大厦 A 座　　　邮　　编：100084
　　　　社 总 机：010-83470000　　　　　　　　　邮　　购：010-62786544
　　　　投稿与读者服务：010-62776969, c-service@tup.tsinghua.edu.cn
　　　　质 量 反 馈：010-62772015, zhiliang@tup.tsinghua.edu.cn
印 装 者：三河市龙大印装有限公司
经　　销：全国新华书店
开　　本：185mm×260mm　　印　张：8.25　　字　数：182千字
版　　次：2019 年 9 月第 1 版　　　　　　印　次：2022 年 3 月第 5 次印刷
定　　价：58.00 元

产品编号：084384-01

前　言

　　一个国家的发展归根结底要依靠人才的发展，国家之间的竞争归根结底是人才的竞争。我们看到，人才的培养往往是一个漫长的过程，作为人才培养的主要教育机构——大学，不仅要思考五年后国家需要什么样的人才，还要思考二十年后、五十年后国家需要什么样的人才，因此大学教育需要面向未来，大学教育实践具有很强的前瞻性。

　　纵观大学人才培养理念的发展过程，一直存在着素质和专业教育的争论。即便相比于国外大学落后了数十年，目前在中国各个大学本科阶段，素质教育理念已经成为主流，各种博雅计划、大类招生等形式层出不穷。约翰·亨利·纽曼（1801—1890年）在《大学的理念》一书中提出的本科教育在于为学生进入社会而不是进入专业领域做准备、在于培养合格的公民而不是培养职业能手的教育理念正在被普遍接受。

　　随着工业4.0时代的来临，新一轮世界科技革命和产业变革孕育兴起，它正在给人类社会带来难以估量的作用和影响，也对人才的培养提出了新的要求，创新能力已经成为人才培养理念的关键词汇。众多的研究表明，创新能力一般具有很强的专业领域性，如何在素质培养的基础上，融入创新能力的培养，是对大学教育提出的新挑战。

　　清华大学钱学森力学班隶属于教育部拔尖计划，自2009年成立伊始，就承担着探索如何培养工科领域拔尖创新人才、尝试回答钱学森之问的重任。在过去十年的教育实践中，钱学森力学班的老师们和同学们付出了极大的努力，锐意进取、不断探索、不断改革。在成立十周年之际，我们尝试从理念、实践、培养成果等方面集中展示钱学森力学班十年来的探索与思考，主要是希望能对国内其他大学正在进行的类似实践项目有所启发。由于我们都是专业教师，很多想法和措施显得相对不成熟，也希望专家学者提出批评和建议，促进我们更深入地思考。我们真诚地希望能有更多的有识之士加入到我们的探索过程中，大家共同努力，将钱学森力学班的工作做得更好。

　　本书的出版得到了清华大学钱学森力学班全体老师和同学的大力支持，同时也得到了清华大学学堂班和教育部基础学科拔尖学生培养试验计划的资助，此外我们也要感谢清华大学出版社及佟丽霞编辑的辛勤付出。

孙沛　郑泉水

2019年7月1日

目　　录

第 1 章
国内外一流大学的教育理念和实践

郭双双[1]，周　希[1]，林　云[1]，周凌霄[1]，孙　沛[1]，郑泉水[2]

（1. 清华大学社科学院，北京，100084；2. 清华大学航空航天学院，北京，100084）

随着工业 4.0 时代的来临，我国政府提出"大众创业、万众创新"的双创口号，希望培育和催生经济社会发展新动力，激发全社会创新潜能和创业活力（杨永利，2015），推动国家发展和民族复兴。

国家的发展归根结底要依靠人才的发展，国家之间的竞争归根结底是人才的竞争。2017 年 10 月，习近平总书记在党的十九大报告中提出，要"培养造就一大批具有国际水平的战略科技人才、科技领军人才、青年科技人才和高水平创新团队"，并在 2018 年 3 月 7 日参加广东代表团审议时强调"发展是第一要务、人才是第一资源、创新是第一动力"（央视网，2018）。

在知识呈现指数增长的今天，国家和社会对于学校的教育理念、人才培养目标和如何实现培养目标都提出了新的要求。我们这里通过梳理总结世界各国一流大学的教育理念和实践，期望看到清华大学钱学森班在教育理念和实践中所存在的不足与差距，并得到借鉴和启发。

1.1　国内外一流大学的教育理念

1.1.1　世界各国教育理念的发展

高等教育是人才培养中的重要环节。美国学者 Ben-David（2017）提出世界高等教育中心与世界科学活动中心的转移存在时间上的重叠，一个国家高等教育兴隆时间越长，科技兴隆的时间也越长。科技发展是综合国力的重要部分，高等教育对于国家发展及其世界影响力有着重大意义和作用。

纵观世界高等教育的发展，周光礼（2010）认为现代的高等教育强国体系主要分属两大体系：罗马传统的高等教育体系与盎格鲁-撒克逊传统的高等教育体系。罗马传统的高等教育体系主要有三个特点：（1）高等教育归属于国家体制，经费完全来源于政府；（2）政治系统与教育系统不分，政府管理大学人事，因而能够对高等教育进行具体监督和管理；（3）奉行国家主义的价值观，强调"成才"教育。罗马传统的高等教育的目标是满足公共事业和专业需求，因而诞生了"专业教育"的高等教育理念。相较于罗马传统，盎格鲁-撒克逊传统的高等教育体系不受政府限制，强调自由，具有以下三个特点：（1）高等教育系统松散，高等院校处于市场体制之下，存在竞争；（2）政治系统与教育系统分离，强调院校自治和学术自由，高等院校需要满足社会需求因而重视学术研究和应用推广；（3）人文主义的绅士教育受到重视，以养成健全人格的"成人"教育为主，以培养人力的"成才"教育为辅，由此形成了自由教育理念。

专业教育理念的出现可追溯到 16 世纪，当时工业、农业和商业的快速发展导致对实用人才的需求急剧增加。1794 年巴黎综合理工学院建立，这是法国建立的世界首例公共工程服务的大学，是为了培养实用性人才而建立的，其专业性大学的模式成为了现代高等教育的基本特征之一。

罗马传统高等教育体系的代表国家有德国、日本、法国、俄罗斯等。德国在专业教育理念的基础之上发展出了学术教育理念，源于 19 世纪初洪堡创办柏林大学时提倡的"科研与教学结合"的形式，并创建习明纳（seminar）的教学方式，大学成为科学家的共同体（王建华，2010）。这种旨在培养学者或者科学家的学术教育理念对德国的影响一直延续至今。日本的高等教育相较于欧洲起步较晚，但近些年日本已造就了一批世界一流大学，成为了世界高等教育强国。日本自 1980 年提出"技术立国"发展战略，经历了从技术引入到技术创新的变化历程，其高等教育也围绕这一国家发展战略形成了技术立国教育理念，一方面通过专业教育培养了大批高级技术人才和创新型人才，另一方面强调教育服务社会的功能，与国家发展目标密切结合，促进了高等教育的快速发展。

与专业教育理念不同，自由教育理念强调理性教育，旨在培养健全的人。纽曼（2001）在《大学的理想》中提到"自由教育本身仅仅是发展理智，他的目标就是获得杰出的理智。"自由教育在大学中演变成了人文主义教育，认为经典名著包含的理性成分最多，因此学习经典名著是最有效的自由教育。然而自由教育理念在现代科学兴起之时遭遇了严重挑战，科学和技术开始进入大学，自由教育理念受到动摇。

英国的学院制和导师制是对自由教育理念的代表性实践。然而美国在殖民地时期移植了英国模式后，工业的发展和对科技的要求冲击了自由教育理念。自由教育理念开始与专业教育理念试图和解，随后产生了通识教育理念。通识教育旨在"为培养人的独特品格和个人生活能力做准备，使他们作为一名公民或共同文化的继承者，能够与其他社会公民在共同的领域中和睦相处"，强调通识教育（自然科学、社会科学和人文科学）应贯穿于所有的专业教育之中（马骥雄，1991）。通识教育理念是美国高等教育对世界教育理念的重要贡献。

随着知识经济的发展与全球经济一体化进程的加深，这两大体系开始逐渐融合发展以适应时代潮流。在通识教育与专业教育结合的基础上培养学生的创造性思维和企业家精神是它们的共同发展方向（刘献君，李培根，2016）。罗马传统高等教育体系开始走向产学合作，产生了一批创业型大学，允许和鼓励教师或学生运用所学知识参与企业活动和自创企业。盎格鲁-撒克逊传统高等教育体系开始重视服务社会，产生了一批创新型大学，形成产业-政府-大学的三方合作关系：产业作为生产性的场所，提供物质产品和试验条件；政府作为契约关系的来源，为交换提供公共政策环境；大学作为新知识、新技术的来源，提供知识经济的生产性要素。创新型大学的理念从美国的不断发展中得到了印证，响应时代对创新人才的需求，为世界所瞩目，并且正在成为全球高等教育发展的新趋势。

中国近现代的高等教育理念受政治波动影响较大，自改革开放后逐渐走向稳定。随着"科教兴国"和"人才强国"战略的提出，高等教育脱离"政治服务"的角色，高校逐渐拥有管理自主权，高等教育得以快速发展。2004 年教育部（教育部，2004）提出"以培养学生的创新精神和实践能力为重点，继续全面实施素质教育"，这被视为国家高等教育人才培养理念的重大转变。国家层面和各高校自此开始了一系列的尝试，以适应新时代的人才需求和国家发展目标。

1.1.2　世界一流大学的教育理念

世界一流大学一般指那些文化教育实力雄厚、拥有极大的世界声誉、综合排名在世界前列的大学。这些大学能从众多大学中脱颖而出，与其先进的教育理念有着不可分割的关系。

人才培养是教育的出发点和归宿。受自身历史传统、所处社会环境等诸多因素的影响，各世界一流大学在发展过程中形成了各自独特的人才培养目标。以英国牛津大学为例，牛津大学的主要培养目标为培养良好的公民，培养将要成为社会各界以及学术界未来领袖的精英。据不完全统计，牛津大学为英国培养了至少 48 位诺贝尔奖获得者、26 位首相。在1900 至 1985 年间，英国受过大学教育的 972 位部长中，从牛津大学毕业的人数高达 455 位之多。而美国约翰·霍普金斯大学作为世界排名前列的大学之一，其首任校长吉尔曼将大学的培养目标陈述为"培养有个性的学者，通过他们优异的表现促进科学发展，服务社会"。自 1876 年建校以来，约翰·霍普金斯大学为美国输送了大量学术领袖，在各科研领域做出了杰出的贡献。2016 年的统计结果显示，约翰·霍普金斯大学科研经费开支连续 37 年在美国的所有大学中位列第一。

虽然各世界一流大学对人才培养的定位有所侧重，但将学生培养成精英人才是所有一流大学共同的宗旨。一流大学不仅要求学生掌握足够的知识与技能，还要求学生具备良好的道德修养。柏林大学的创始者威廉·冯·洪堡曾经指出，大学肩负着双重任务：一是对科学的探究，二是对个性和道德的修养（陈洪捷，2003）。英国剑桥大学和牛津大学的"绅士"教育理念对学生提出了类似的要求——这两所大学希望培养出受过良好教育，且有深厚文化内涵和优良道德修养的"绅士"（江春华，2018）。一流大学同样重视学生的责任意识，致力于将学生培养成服务社会、敢于担当的综合型人才。曾任哈佛大学校长的德里克·博克指出："现代大学不仅重视正式教育，还承担了促进人类全面发展的更大责任"（刘宝存，2003）。芝加哥大学要求学生在践行责任意识方面付诸行动。建校 100 多年来，芝加哥大学一直与周边地区乃至整个芝加哥地区保持着紧密的联系，学生们也在对周边地区的调查研究、为周边地区提供咨询服务和技术支持的过程中提升了自己的责任意识（威廉·墨菲，布鲁克纳，2007）。

通识教育是世界一流大学实现精英教育的重要环节。通识教育的目的不仅在于培养学生独立思考、批判性思维等综合素养，激发学生探索与思考的热情，还在于为后续的专业学习、毕业后的工作生活乃至终身学习做好准备。美国的哈佛大学、康奈尔大学、耶鲁大学、宾夕法尼亚大学等多所著名大学均为本科生开设了涉及面广泛的通识教育课程，并要求本科生在大学期间选修达到一定标准的通识教育学分。以康奈尔大学为例，该大学为本科生开放了 2000 多门、40 多种语言的通识教育课程，并规定所有本科生在接受专业教育前必须先接受 2 年多的通识教育（吴传刚，孙健，马莉，2014）。一流大学的通识教育理念既存在共同的属性，也存在各自的个性化特征，详细见表 1.1（别敦荣，2016; 陈乐，2019）。哈佛大学、耶鲁大学等高校强调对公民意识、社会责任等素养的塑造，而斯坦福大学、芝加哥大学等高校则更侧重于对批判性思维、社交能力、问题解决等能力的培养（陈乐，2019）。

表 1.1　部分世界一流大学的通识教育培养

学校	基本理念	培养目标
牛津大学	通识教育是自由教育传统的体现，是人文教育与科学教育的结合	培养知识面宽的博学家而不是某一领域的专门人才
剑桥大学	通识教育是自由教育理念的延伸，是科技与人文教育融合的结果	使学生不仅拥有深厚的学术功底，并具有优秀的创新、批判和实践能力
柏林大学	通识教育可以为学生奠定基础，从而使其对生活所需的各种技能都有一定的理解，使人按照其本真面目全面发展	为学生提供一定的基础，并在此基础上培养他们的理解力、判断力以及获得一般观点的能力
哈佛大学	通识教育课程是自由教育的一个部分，是自由教育的公共形式，其定位为构建学生在校所学和毕生的生活之间的联系	促进学生思考复杂的、根本性的问题，帮助学生辨别价值和意义；为学生参与公民活动做准备；帮助学生理解艺术、思想、价值；帮助学生批判性地、建构性地面对变化；帮助学生理解言行的伦理尺度
麻省理工学院	通识教育可以让学生在钻研专业学问的同时接触更广泛的人文知识，以丰富和完善自身	让学生具有广博的科学基础和文化背景，提升学生的价值观念、历史视野、认知风格和创新能力，使学生能够创造知识、自我更新、适应社会多种职业需求和社会环境的变化，从而实现个人的最高价值
耶鲁大学	通识教育可以为学生提供一段时间去探索、发现，培养新能力；发展学生一系列的知识和能力，从而帮助他们在自己将来所选择的领域中获得成功	通过心智训练和社交经历，最大限度地发展学生的智力、道德、公民意识以及创造力。通识教育的最终目的是培养充分理解先辈文明遗产的现代公民，他们将在人类活动的各个领域中提供服务
芝加哥大学	通识教育旨在为学生提供批判性探索和发现知识的机会	通识教育的目的不是传递知识，而是提出根本性的问题，培养思维习惯、批判性思维能力、分析能力、写作能力等，这些是现代社会受过良好教育的人所应该具备的能力

学校	基本理念	培养目标
哥伦比亚大学	通识教育核心课程帮助每一位学生获得对现代文明综合性的、真实的理解，建构了终身学习的基础。鼓励学生提出问题，和经典著作对话，并表达自己独特的观点	在通识核心课中培育思维习惯，建构起批判性和创造性的"智识能力"（intellectual capacity），这些能力在学生毕业之后能持续发挥作用，为学生度过有意义的人生提供支持
普林斯顿大学	通识教育意味着通过学习和探索人文、艺术、自然科学以及社会科学领域的问题、观点以及方法，学生将学会如何批判性地阅读、良好地写作，以及多角度地思考	发展学生的"智识能力"：学会分析思维、批判性阅读、清晰地写作、有说服力地演说，学会验证假设，并提出令人信服的解释或证据

创新教育是世界一流大学培养精英人才的重要手段。创新教育主要指以培养创新精神、创新思维、创新意识、创造能力等创新素质以及创新人才为目的的教育活动（刘献君，李培根，2016）。剑桥大学、哈佛大学、斯坦福大学等多所高校都提出了明确的创新教育理念（见表 1.2），并将创新教育融入到学生的培养过程之中。以英国剑桥大学为例，剑桥大学注重让学生尽早进入学术研究课题，通过科研培养学生的创新能力。在剑桥工学院，学校安排学生从本科一年级起做课题设计，并在本科三年间开展由浅入深、由小到大的数个课题，系统性地培养学生的科研创新能力。创新教育是高等教育未来的方向，创造性人才是国家与社会需要的人才。

表 1.2 部分世界一流大学的创新教育理念

学校	相关理念
剑桥大学	鼓励学生主动探求未知的领域，注重培养学生的创新质疑能力，鼓励学生独立思考，大胆批判，主动探索
哈佛大学	把众多卓越非凡的天才聚集在一起去追求他们的最高理想，使他们从已知世界出发去探究和发现世界及自身未知的东西
麻省理工学院	希望学生通过学习，可以做到对于工作胸有成竹，不仅成效显著，并能有所发现、有所创新
斯坦福大学	注重培养和发展学生的创造力，教育是为明日之社会培养人才，只有具有创造力的人才能满足未来的需要

1.1.3　清华大学的教育理念

清华大学教育工作讨论会（原名教学研究会、教学讨论会），是清华大学在教育教学方面最重要的会议之一，主要针对学校的人才培养目标、人才培养模式、体制机制改革、文化学风建设等方面进行全校的大讨论与反思总结，并大约形成了四年一次的格局。从清华大学教育工作讨论会的历史沿革来看，教育工作讨论会的内容及其所反映的教育理念可大致划分为三个阶段（朱俊鹏，2018）：

（1）建校之初至改革开放之前——从通才教育到专业教育

作为中国顶尖的高等学府之一，清华大学早在建校之初就提出了"以培植全材，增进国力为宗旨"、"以进德修业，自强不息为教育之方针"（胡显章，2016）。当时，清华大学的各个院系并不设置专业，而是重点实行"通才教育"（自由教育），即重视外语、基础理论和人文知识的学习。学生在一、二、三年级重点学习基础理论，直到四年级才重点学习专门知识（史轩，2011）。

1952年院系大调整后，根据国家需要，清华大学按照苏联工科大学的教育模式按系设立专业，有计划、分专业地培养技术人才。截止到1954年，全校已有21个专业制定了自己的教学计划。新的教学计划提出，要以培养学生成为工程师为目标，明确在整个教学过程中应该理论与实践相结合，突出工程教育，在德智体全面发展的基础上进行专门的技术训练，以便加强培养学生的独立工作能力（史轩，2011）。具体而言，除了延长学制外，当时学校还要求学生通过参与工程实践，"真刀真枪做毕业设计"，在毕业后能很快适应工作并挑大梁、出成绩。这一时期清华教育中"重实践"的特色和原有的"厚基础"的传统进行了有机结合，使广大毕业生在国家建设的第一线能够脱颖而出（顾秉林，2009）。当时，蒋南翔校长更是坚持把将学生培养成为"又红又专、全面发展"的人才作为学校的中心任务（刘蔚如，2013）。

（2）改革开放至20世纪90年代——从专业教育到素质教育

改革开放以来，随着国家经济和社会的发展，学校的人才培养目标也发生了转变。1982年，李传信教务长在第十六次教学讨论会上的工作报告中指出，要"教育青年学生坚持四项基本原则，树立社会主义的道德风尚和共产主义理想，努力学习，全面发展，走又红又专的道路"（李传信，1982）。

1984年，高景德校长在第十七次教学讨论会的总结发言中提出，"要使学校既是为国家培养高级科技人才的基地，又是建设社会主义精神文明的阵地。要在全校，特别是青年学生中，不断巩固和扩大马克思主义的思想阵地和组织阵地。学校要努力做到坚定正确的政治方向与活跃浓厚的学术空气的统一。培养的人才在德、智、体诸方面均具有较好的素质，能适应'三个面向'的需要"。通过学校的教学工作，要"使学生既有坚实的理论基础，又有较强的独立工作能力和发展、创造的能力，富于进取和创造精神"（高景德，1984）。

1988年，梁尤能副校长在第十八次教学讨论会开幕式上对于人才培养目标进行了详细阐述："经济建设的发展和改革开放的深化，对学生的能力和素质提出了新的更高的要求。在新形势下，我们还是要坚持德智体全面发展。在德育方面要加强思想政治教育，使我们的学生有正确的政治方向，有远大的革命理想，有为人民服务的精神和高尚的道德品质。在智育方面，要求学生有合理的知识结构和能力结构，基础要扎实，专业面要宽，掌握一定的先进科学技术，要理论联系实际，有较强的独立工作能力和适应能力。同时要加强体育工作，不断提高学生的身体素质。根据学校调查和用人部门的反映，当前我们要着力解决的一个突出问题，就是要教育学生树立社会责任感和革命事业心，愿意到基层单位，安心从事实际工作；加强经济观点与竞争意识；培养与周围同志团结协作共事的品格和作风"（梁尤能，1989）。

（3）20世纪90年代至今——素质教育与创新教育的共同探索

1996年，王大中校长在《抓住机遇，深化改革，为实现清华大学"九五"发展规划而奋斗》的报告中提出，要"加强学生创新能力与素质的培养。创新能力对一流人才来说是极其重要的。要通过'九五'期间的教育改革，着力加强创新能力的培养。同时为适应21世纪激烈的竞争和完成科教兴国的历史使命，要十分注重学生素质的教育，包括思想道德素质、专业素质、文化素质和身体心理素质四个方面，使学生的素质得以进一步提高。为此，必须适应21世纪社会进步、经济建设与科技发展的要求，进一步拓宽专业面，着力改革现有的课程体系和教学内容，使之有利于加强基础，有利于反映学科发展的交叉与综合，有利于反映最新的科技成果和发展方向，有利于培养学生的创新意识和能力。要加强德育教育，抓好两课改革，要增加经济管理及人文社科方面的内容。要转变教学思想，有意识地培养学生自己获取知识的能力，减轻学生课时负担，充分调动学生自觉学习的积极性和创造性"（清华大学，1996）。同年，吴敏生教务长在《关于我校人才培养和教育教学改革若干问题的思路》中也提出，"在培养要求上，要努力使培养对象具备较高的综合素质，具备下一世纪需要的宽厚的基础知识和基本能力，尤其是创新发明的能力和组织管理的能力"（吴敏生，1996）。

2000年11月9日，王大中校长在第二十一次教育工作讨论会开幕式上题为《为开创21世纪我校人才培养和教育工作新局面而努力》的报告中总结道，"1997—1998年间进行的全校教育思想大讨论，群众发动的广度是近年来少有的。在人才培养目标上确立了以'高层次、高素质、多样化、创造性'的人才培养目标；狭隘的'专业办学'传统观念得到改变，加强素质教育和创造性培养观念得到提高。这些都为下一阶段教育教学改革进一步做了认识和思想上的准备"。

2004年11月12日，顾秉林校长在清华大学第二十二次教育工作讨论会上题为《加强实践教育，培养创新人才》的报告中提出，"作为国家重点支撑、社会寄予厚望的研究型大学，我校承担着培养高层次、高素质、多样化、创造性人才的重任，要为国家造就更多的学术大师、治国之士和兴业之才"，但现有的人才培养体系"虽然有着基础知识扎实等优点，但在创新意识与能力的培养等方面却存在着明显的不足"，因此要通过强化实践教育的方式切实提高人才的全面素质与创新能力（顾秉林，2004）。

2009年7月8日，顾秉林校长在第二十三次教育工作讨论会开幕式上重点阐述了"人才培养是大学的根本任务"这一论点，并提出"'求创新'成为新世纪新阶段国家和社会对清华这样的研究型大学提出的突出要求，也是我们在新百年必须承担的时代责任。然而，创新人才培养的目标定位给我们提出很多值得深入思考和研究的具体问题，例如，创新人才的选拔与评价问题，创新人才的培养方式与条件问题，专业和课程设置的改革如何充分考虑社会对人才培养不断变化的需求问题，以及拔尖创新人才培养与我们过去所理解的尖子生培养的异同，等等。厘清这些问题，是我们进一步明晰学校在新时期人才培养的目标和实现途径的基础"（顾秉林，2009）。

2014年10月16日，陈吉宁校长在清华大学第二十四次教育工作讨论会闭幕式题为《全面深化教育教学改革，大力提升人才培养质量》的讲话中提出，"一年来，教育工作讨论会对我们要培养什么人，达成了广泛共识，那就是具有健全人格、创新思维、宽厚基础、全球视野和社会责任感的高素质、高层次、多样化、创造性人才"。为了实现这个人才培养目标，就需要转变育人理念，实施价值塑造、能力培养、知识传授"三位一体"的教育；要变换工作焦点，推动教育教学主体从"以教为主"向"以学为主"转变；要转变教育方式，在本科人才培养中积极推进通识教育，促进通专融合；要丰富培养方向和评价标准，提升学生多样化成长的自主性、自信心和开放性（陈吉宁，2014）。

2018年9月27日，邱勇校长在第二十五次教育工作讨论会闭幕式上题为《深化教育教学改革，建设中国特色、世界一流的高水平人才培养体系》的讲话中提出，"三位一体"既是一种培养模式，也是一种教育理念。其中，价值塑造是指"要培养有抱负、有思想、有远见、有担当的时代新人，要培养把个人追求融入社会进步主流的时代新人"；能力培养是指要培养学生具有"批判性思维的能力、提出和解决问题的能力、书面与口头表达和沟通的能力、将知识付诸实践的能力，以及在全球化不断深入、中国日渐崛起背景下的全球胜任力"；知识传授是指要培养学生"具有深厚的数理基础、中外语言基础、精深的核心专业素养和跨学科的知识结构。要让学生对跨越学科建制的文理知识有深度的涉猎，了解不同领域的第一流头脑是如何提出、思考和解决问题的，为创新型人才的出现提供更为丰饶的基础"（邱勇，2018）。

2014年9月3日，《清华大学章程》经教育部核准生效（郑言实，2014）。《清华大学章程》中明确提出了学校的人才培养目标和培养模式，即"学校坚持高素质、高层次、多样化、创造性的人才培养目标，以实施全日制高等学历教育为主，实行价值塑造、能力培养、知识传授'三位一体'的培养模式，致力于培养学生具备健全人格、宽厚基础、创新思维、全球视野和社会责任感，实现全面发展和个性发展相结合"。

可见，迈入新世纪以来，中国经济高速发展，综合国力不断增强，逐步进入自主创新的时代，这也对清华在人才培养目标上提出了新的要求，要求清华不仅要培养一般意义上的"行业高手"，而且要培养具备创新思维和能力的人才（顾秉林，2009）。纵观清华大学教育工作讨论会的历史沿革，可以看出清华大学在人才培养目标和模式中的稳中求进。百年以来，清华大学始终心系国家和社会对于人才的需求，坚持以为国家培养高端人才为己任。同时，清华大学的人才培养目标也经历了从通才教育、专业教育、素质教育，到素质教育与创新教育融合的转变，这一点与国家经济和社会的快速发展以及党和国家对于人才素质需求的转变息息相关。在新时代，清华大学也将朝着"更创新、更国际、更人文"的目标而努力（邱勇，2017）。

人才培养目标不仅体现在每一次重要的政策、会议或讲话中，更体现在大学的每一个机构单元里，它与众多投身、热爱教育事业的一线工作者，在培养学生的过程中对于"培养什么样的人""如何培养人"等问题的思考、探索和行动密不可分。

1.1.4 清华大学钱学森班的教育理念

为培养拔尖人才，实施科教兴国、人才强国、创新驱动发展战略，2009年，国家教育部、中组部、财政部联合推出了"基础学科拔尖学生培养试验计划"（以下简称"拔尖计划1.0"），通过一制三化（导师制、小班化、个性化、国际化）等模式，培养在数学、物理、化学、生物、计算机等领域的拔尖人才。2018年，教育部等六部门联合推出《关于实施基础学科拔尖学生培养计划2.0的意见》（以下简称"拔尖计划2.0"），在原先五门学科的基础上，增加天文学、地理科学、大气科学、海洋科学、地球物理学、地质学、心理学、基础医学、哲学、经济学、中国语言文学、历史学（中华人民共和国教育部，2009，2018），旨在培养自然科学和哲学、社会科学领域的拔尖人才。

如今，拔尖计划1.0已经走过了十年时间，取得了可喜的成绩。据统计，截至2017年底，拔尖计划1.0共培养本科生8700余名，其中4500余名已经毕业。在前四届毕业生中，96%的学生继续攻读研究生，其中有65%的学生进入了排名前100的国际知名大学深造，10%的学生进入了排名前10的世界顶尖大学深造（冯丽，2017）。

清华大学，作为国内顶尖的高校之一，责无旁贷地肩负着为国家培养拔尖人才的使命和责任。根据党和国家的人才总体战略以及清华大学的发展定位，为努力满足国家和社会发展对拔尖人才的迫切需要，2009年清华大学推出了"清华学堂人才培养计划"（以下简称"学堂计划"），2010年被批准开展国家教育体制改革试点项目"基础学科拔尖学生培养试验计划"（清华学堂人才培养计划，2012a）。

清华大学学堂计划的总体目标，是"遵循基础学科拔尖人才成长的规律，构筑基础学科人才培养特区，激励最优秀学生投身于基础学科研究，努力使受计划支持的学生成长为相关基础科学领域的领军人物并逐步跻身国际一流科学家队伍，为国家培养一批学术思想活跃、国际视野开阔、发展潜力巨大的基础学科领域未来学术领军人才"（清华学堂人才培养计划，2012a）。目前，学堂计划共涉及七个学科领域——数学、物理学、化学、生命科学、计算机科学、力学和英语。其中，清华大学钱学森力学班作为拔尖计划1.0及学堂计划中定位于工科基础的重要试验班之一，对于工科及相关领域的人才培养具有重要的探索和示范意义。

自2009年9月建班以来，清华大学钱学森力学班（以下简称"钱学森班"）便致力于营造良好的学习和研究氛围，鼓励学生勇于探索、自主学习，促进学生个性化发展以及批判性思维的形成，希望能够培养引领力学和工程技术领域发展、具有优秀人文素养和突出创新能力的领军人才（清华学堂人才培养计划，2012b）。

通过近十年的探索，如今钱学森班在拔尖学生的培养上已经取得了一定成果。例如，钱学森班的杨锦同学所进行"不破的水泡"的研究，被认为是在基础理论研究领域取得了突破性进展；钱学森班六名同学合作完成的"三自由度卫星模拟气浮台"已经达到世界先进水平并远销海外（袁驷，张文雪，2014）；钱学森班 2017 年的三十名毕业生中绝大多数均申请到国内外著名高校和研究所继续深造，包括麻省理工学院 5 人，剑桥大学、卡内基梅隆大学、加州大学伯克利分校、宾夕法尼亚大学、伊利诺伊大学香槟分校、布朗大学等各 1 人，清华大学 18 人。截至毕业时，该班学生累计发表论文 31 篇，囊括了清华大学乃至北京市颁发的几乎所有集体荣誉，包括清华优秀班级第一名（郑泉水，2018）。

　　钱学森班在拔尖学生培养上取得的成就，离不开其在过去十年中对于选拔方式和培养模式的探索。2009—2012 年，钱学森班采用了统考、竞赛、校内二招的方式进行招生，并要求仅有各省的高考状元、高考前十名、竞赛金牌获得者才有资格报名。在校内二招中，虽然所有考入清华的学生均可报名，但钱学森班会通过面试的方式选拔更为适合的学生。2013 年，钱学森班首次采用了"钱学森创新挑战营"（以下简称"挑战营"）自主招生的方式作为招生途径之一，希望考查学生在面对真实情境和难题时能否展现出创造力和综合能力，选拔真正的拔尖学生。2014—2016 年因时间有限恢复了传统的招生方式，但 2017—2018 年经过大量的准备，仍采用了挑战营的方式进行招生。在 2017 年第二届挑战营中，钱学森班先后邀请了二十余位教师参与面试、心理测试和实践环节的考核；在 2018 年第三届挑战营中，钱学森班工作组成员更是和相关教师、校友、学生等四十余人前后准备一个多月（郑泉水，2018），以确保能够更加科学地进行选才鉴才。

　　从侧重考试成绩到举办挑战营，这种招生方式的转变体现了钱学森班在学生选拔理念上的转变——从看重"学习力"到看重"创造力"。采用传统方式（统考、竞赛和校内二招）进行招生，其主要依据在于学生的考试和竞赛成绩。尽管考试和竞赛成绩在很大程度上能够反映出学生的智力水平、学习方法、努力程度等，但这种评价体系和评价方式都相对单一，难以全面地反映学生的综合素质（如内生动力、开放性、坚毅力、智慧、领导力等），而后者恰恰才是学生在学业和工作中能否取得创造性成果、成长为拔尖人才的决定性因素，它们与智力水平、学习方法、努力程度等至少应当处于同等重要的位置。因此，钱学森班始终在不断探索和完善一种能够真正体现、评估学生创造力和综合能力的选拔方式。

　　在培养方式上，钱学森班也经历了逐步的演化。创建之初，钱学森班就确立了"以学生为中心"的教育理念，并探索各种可能的方式对学生进行培养。在最初的几年，钱学森班尝试了小班制、导师制、流动机制、实验室研究、出国研究等环节，并构建了两门拓展学生视野、由著名专家学者讲授的讲座类课程（郑泉水，2018）。从 2012 级学生开始，钱学森班全面开展"通过研究学习"，鼓励学生在大一、大二时参与两至三项清华大学本科生科研训练项目（student research training, SRT），在大三时根据兴趣爱好提出自己独特的、开放性与挑战性兼具的研究问题（open research for innovative challenges, ORIC），在大四时鼓励学生前往国内外一流的学术机构或企业进行为期半年的"高年级学生研究员计划"（senior undergraduate research fellowship, SURF）（郑泉水，白峰杉，苏芃，徐芦平，陈常青，2016）。"通过研究学习"旨在鼓励学生在探索未知、挑战困难的过程中逐步构建自己的知识体系，提升发现问题、思考问题、解决问题的能力，明确自己真正热爱的方向，始终保持着对科学和世界的好奇心，并寻找到未来更适合自己发展的平台与机会。

近些年，钱学森班还构建了以"通过研究学习"（research）为牵引或抓手，以课程知识（course）为主的深度学习，以社区（community）为主的交流沟通方式来培养学生创造力和综合能力的教育模式，简称"CRC"模型（郑泉水，2018）。这是钱学森班在学生培养方面的又一重要探索和进步。通过为学生提供具有挑战性的课程体系、积极的人际支持氛围，引导学生在研究训练中学习和成长，钱学森班希望能够选拔并培养学生成为具有内生动力、开放性、坚毅力、智慧、领导力（郑泉水，2018）的拔尖人才，这便是钱学森班通过十年的经验累积和反思，所逐步明确的人才培养目标。

1.2　国内外一流大学的教育实践

1.2.1　国外一流大学的教育实践

1．素质教育实践

素质教育的目标是培养人格健全、自由独立的"完整的人"。在各国的素质教育实践中，这一理念体现在课程设置、学院制度、培养体系、学术训练等方面。

美国的通识教育改革始于对专业化教育的反思。在 20 世纪 20 至 50 年代的通识教育运动中，高等教育的目标由培养专业化人才转向对人总体的培养。1945 年哈佛大学发表的《哈佛通识教育红皮书》是美国通识教育变革的典范。美国高校的通识教育通常具有科学与人文、社会科学并重的课程体系，在本科教育中强调专业探索深度与广度的平衡。哈佛大学要求完成学士学位期间至少要修读 6 门通识教育课程，自然、人文和社会科学的课程均至少一门，如人文学科领域必须修读"文学经典名著"课程、社会科学领域必须学习"西方的思想与制度"；斯坦福大学的公共课程涉及 9 个领域，要求学生至少选修 11 门，且每个领域至少包含一门；布朗大学大一阶段不按专业设立课程，而是开设方法性和综合性课程（白强，2015；隋晓获，2014）。各个高校也积极开展跨学科的教学与人才培养。加州大学伯克利分校拥有超过 80 个跨学科研究单位，这些单位的教学与研究超越"系"的界限，拥有独立的课程体系，培养跨学科的批判性、综合性思考（杨文斌，2012）。

除了文理并重的课程模式，美国高校在课堂教学和人才培养中也注重激励学生的学习热情和兴趣。哈佛大学实行"多能人才"培养模式，认为学生的能力不局限于专业才能，通过普遍运用研讨课的形式鼓励学生课外阅读、调研、撰写报告，培养学生独立思考和解决问题的能力，鼓励学生自觉学习、发掘专业才能以外的其他才能。斯坦福大学实行"多样化人才"培养模式，通过课堂教学、科学研究、社区实习、社会服务、合作与领导力培养等综合性方式培养创新人才（白强，2015）。麻省理工学院推出"双元制"的人才培养模式，学习时间一分为二，分别在校内外完成（徐玲玲，2016）。加州大学伯克利分校的本科教学主要采取小课堂授课，多数教学班少于 30 人；学校实行本科生科研学徒计划，为每个学生提供学术训练的机会（杨文斌，2012）。

英国的通识教育保留了自由教育传统，注重对人总体的培养。牛津大学、剑桥大学、伦敦大学均实行文理并重的学科模式，以及学院制和导师制的管理和培养模式。牛津大学开发联合专业课程，并引入双学科专业选修课，形成文理学科交叉渗透的课程体系。剑桥大学的公共必修课包括自然学科和人文社会学科，课程内容广泛；学生在前两年修完公共必修课后，第三年开始对自己感兴趣的领域和课题进行研究，学生可以根据自己的兴趣和课题自由选择专业化的选修课。伦敦大学的课程体系包含构成自由教育的基本课程、专业教育课程和实用性课程。牛津、剑桥和伦敦大学开设的所有专业中，文科专业均占有很大的比重。这三所大学均以学院制和导师制作为管理和培养模式，学院制传承至今，有几百年的历史。牛津大学的学院以教学为中心，剑桥大学侧重学术研究。学院拥有较大的独立性，为学生提供教育，促进学术发展，培养学生的心智、品行与生活能力。牛津大学的导师制教学以讨论、辩论、师生交流为主要内容，旨在培养学生独立、理性的思考能力。剑桥大学的导师制要求导师定期为学生开展"个人辅导"，对学生的研究进行点评和建议，挖掘他们的潜能，鼓励质疑、探索和创新（隋晓荻，2014）。

德国的大学教育历史悠久，通识教育在中世纪就已经存在，19世纪洪堡的大学改革是现代大学的起源。德国的通识教育具有明显的指向性，与科学研究和哲学思辨相联系。在洪堡等人的教育理念下创建的柏林大学是德国大学的共同模式，"二战"中创办的柏林自由大学和柏林洪堡大学都秉承柏林大学的传统。柏林自由大学以"真理、正义和自由"为价值导向，十分注重基础科目的学习和基本素质的培养，无论理工科还是文科学生都需要学习一定的自然科学、人文和社会科学、道德价值观的基础课程；柏林自由大学的学科体系广泛，专业门类精细化，有利于学术研究和创新。柏林洪堡大学从大学基础阶段就引导学生进行科研，组织学生参与科研团体的工作和青年科研项目，强调教学与研究的统一（隋晓荻，2014）。

法国的高等学校采取专才培养模式，即学生入学后前两年接受不分专业的通识教育，然后根据学生的兴趣和学业状况划分专业领域，以打破学科壁垒，强化综合素质教育，又能够帮助学生找到适合自己的专业，最大限度地激发学生的学习兴趣和潜力（徐玲玲，2016）。

日本的高校一般仅承担素质教育和基础理论教育，而将职业培训交给政府和企业去做。日本高校非常注重人格培养的基础教育，认为教育培养的首先是完整的人格，而不仅仅是专业知识和技能（徐玲玲，2016）。日本高校重视基础教育和课程的综合化，设置"综合学习时间"课程以培养学生的"生存力"。其课程目标在于培养学生的人性、社会性、自学思考能力，使之成为能在国际社会中生存的日本人。其课程内容和结构面向社会、生活和自我学习领域，学习活动有自然和社会服务体验、观察、实验、参观、调查、问题解决等形式，培养学生创新性思考和实践能力（商应美，2011）。如东京大学实行"自由选课制度"，学生选课具有较大自主权，无论年级、专业和层次，都可以选择自己感兴趣的课程进行学习，不受课程种类和校区的限制。2000年，东京大学将一些专业进行融合，如把社会学、经济学、政治学、信息工程、统计学、环境科学等专业合成"信息学环"（学环是指大学中的研究机构），设置了学际信息学府（学府是指大学中的教育机构），进行了许多跨学科研究。在课程教学中，东京大学设置了演习课和研究讲座课，课堂以讨论为主，气氛活跃，调动学生的积极性和主动性，培养和提高综合素质（杨文斌，2012）。

各国的素质教育实践也注重与社会的配合，关注学术成果的社会转化。哈佛大学强调学校的社会服务水平和影响力，积极参与和开展与国内外企业、外国政府的交流合作，实践"全球意识"和"世界公民"理念（徐玲玲，2016）。斯坦福大学推行产学研一体化，创建大学与工业园区相结合的硅谷（白强，2015）。麻省理工学院实行"校企合作"的人才培养模式，将学校学习与在企业进行技能培训相结合，并派出部分本科生到企业开展研究，进行校企合作科研（徐玲玲，2016）。牛津大学依赖城校交融的优势，在教学和科研中注重与社会的良好配合。学校医学院将教学、研究、实验、临床实践结合在一起，在1997年成立 Isis 创新有限公司，负责把牛津大学的科研成果介绍给企业，使科研成果更好地服务于社会经济的发展。东京大学提出产学合作的基本方针，积极参与社会合作，积极促进研究成果的社会应用（商应美，2011）。柏林工业大学认为学校应与来自产业界和社会的"消费者"对话，从社会需求的角度出发设置和改进课程（杨文斌，2012）。

2. 创新教育实践

创新能力是21世纪对于人才最重要的需求，20世纪90年代，培养创造性人才逐渐成为各国教育发展与改革的重点。美国率先提出了"以学生为中心，课内课外相结合，科学与人文相结合，教学与研究相结合"的创新人才培养模式。英国将教育的重心由古典人文教育向现代科技教育转移，实现文理并重，完成从重视专业人才培养向跨学科的综合教育转变，实施宽口径综合课程教学，加强复合型人才的培养，从而提高整个国家的科技竞争力（徐玲玲，2016）。

美国的创造性教育具有良好的社会文化基础，注重发挥学生的主体性，尊重学生的个体权益，培养创造性的价值观。美国的课堂鼓励师生互动，注重调动学生的积极性，通过提问和讨论培养学生批判性思维。在基础教育的课程设置中涵盖大量技能性强的实践课程，旨在培养学生的动手实践能力，鼓励学生积极思考、发挥主动性。课程的考察也侧重学生的逻辑分析推理能力而非教材知识。如伊克中学的校训即是"发展个性，提高自我。让我看，我记不住；让我听，我会忘记；让我参与，我就会理解、明白"。美国从小学起就开展研究性课程学习，以专题讨论的形式要求学生独立完成选题，撰写有完整结构的研究报告（张荣，2017）。

在高校的创新型教育实践中，各国高校注重培养学生进行科学研究和创新的能力。麻省理工学院推出 UROP（undergraduate research opportunities program）和 IAP（independent activities period）人才培养模式。UROP 是本科生研究机会项目，本科生既可以作为助研参与教师的科研项目，也可以将企业的项目带回学校，进行校企合作。IAP 是独立活动计划，指学生每学期有四周的自由独立时间，专门用于科学研究（徐玲玲，2016）。德国和瑞士高校普遍采用学徒培训"双轨制"模式，将实践教学与理论教学放在同等重要的地位，学生通过专门性和综合性实验课程，提升处理专业问题的实践能力，更有针对性地学习理论知识（商应美，2011）。柏林工业大学实施"创新实验室"计划，鼓励学生积极参与科研，并为创业提供启动资金。学校还设立诸如德国研究会的合作研究中心、跨学科研究组、研究生院，以及独立研究所和跨学科研究协会等多种形式的跨学科教育和科研机构（杨文斌，2012）。印度理工学院采用实验教学方式，学生在实验课程中，利用 24 小时开放的实验室完成自己选择的实验项目（商应美，2011）。

此外，各国高校在推行创新教育时也考虑到社会的需求。澳大利亚的高校坚持"以市场为导向，以能力为本位，以学员为中心"的原则，根据社会对人才的需求设置专业，以行业目标为依据设置课程，与职业资格相衔接。课程目标注重理论知识向能力的转化，教学模式以学生为主导，改变以教师为中心的模式。悉尼科技大学提出创造性的教师、创造性的课程设计、能激发学生创造力的教学设施是创造性人才的培养要素（徐玲玲，2016）。麻省理工学院、斯坦福大学等 20 多所高校每年举办商业计划竞赛等创业活动，如麻省理工学院的"五万美金商业计划竞赛"等。这些竞赛营造了良好的创新氛围，参与的学生创新能力得到锻炼和提高，也直接孵化出新企业和新公司，如 Yahoo、Excite、Netscape 等公司就诞生于斯坦福大学的创新活动（商应美，2011）。

1.2.2　国内大学的教育实践

实际上，我国对于拔尖学生的选拔和培养已经有 40 余年的探索历史。早在 1978 年，当时刚经历了"文化大革命"后的中国正处于百废待兴、人才断层的阶段，为了"早出人才、快出人才"，中国科学技术大学在党和国家的支持下创建了国内第一个"少年班"，选拔 16 周岁以下具有超常智力、学习能力和学习兴趣的青少年，单独成立班级进行培养。

少年班采用自主招生的方式，通过推荐报名、参加高考、复试选拔等进行择优录取。其中，学生的心理测试是少年班在选拔学生过程中的一项重要环节。复试时，少年班更加注重考察学生的创造力、高级思维能力（包括理解接受能力、批判思考能力、解决问题能力、高度注意力和记忆力等）、个人及社交能力（包括自我管理能力、沟通协作能力、正面价值观、积极的态度和稳定的情绪等非智力因素），采用考察的方式包括核实学生的基本信息，填写智力、创造力、人格等问卷，就学生的经历、思维、价值观等方面进行面谈了解，通过操作仪器考察学生的反应能力和稳定性等，并组织专家进行评估（辛厚文，2008）。

入学后，学生首先进行两年左右的基础课程训练，之后根据学生的兴趣选择专业方向继续学习。少年班学生所学习的课程具有极大的难度和深度，希望能够充分挑战并激发学生的潜力，为其后期的成长打下坚实的基础。在少年班的历届毕业生中，超过 90% 的学生考取了国内外研究生，并成长为科技、企业等各个领域的领军人才。中国科学技术大学少年班，是首次批量选拔天才青少年进行集中培养的尝试，也是中国的特产和独创（辛厚文，2008）。

20 世纪 80 年代，受到经济体制转轨的影响，大学中报考理科的优质生源逐渐减少。为了保护、加强基础学科的发展，我国先后在高校建立了百余个"国家理科基础科学研究和教学人才培养基地"。通过多样化招生，加强基础训练、深化课程与教学改革，建立动态流动机制等模式，培养了一批优秀的基础科学研究与教学人才，使一批基础学科走上了"保护—复苏—发展"之路（叶俊飞，2014）。

随着国家对拔尖创新人才需求的不断提升，一些高水平研究性大学开始就培养拔尖创新人才进行尝试，如清华大学 1998 年建立的数理基础科学班、北京大学 2001 年成立的"元培学院"、中国人民大学 2003 年建立的人文社会科学领域拔尖创新人才培养实验班、浙江大学 2005 年成立的"竺可桢学院"、南京大学 2006 年成立的"匡亚明学院"，复旦大学 2006年成立的"复旦学院"等多样化探索（杨晨光，2011）。

为了进一步推进全国性的拔尖创新人才培养改革，2009 年教育部、中组部、财政部联合推出"基础学科拔尖学生培养试验计划"（以下简称"拔尖计划"），选择基础学科领域的数学、物理学、化学、生物科学和计算机科学等五个学科开展试点，旨在"构筑基础学科拔尖人才培养的专门通道，促进基础学科拔尖创新人才脱颖而出"（中华人民共和国教育部，2009）。拔尖计划首批遴选清华、北大等 11 所高校，随后扩充至 20 所。这些试点高校以"领跑者"为理念建立拔尖人才培养试验区，即"让优秀学生做'领跑者'，发挥引领和示范作用，带动各院系、各学科对拔尖创新人才的培养，进而促进学校整体人才培养质量的提高"。拔尖计划的实施主要体现在学生选拔和培养两个环节，进入试验区的学生需具备综合能力、学术兴趣和发展潜质，在进入试验区后他们受到"一制三化"（导师制、个性化、小班化、国际化）的因材施教模式的培养。各高校的培养主要有两种模式，一种是成立专门的试验区，如北大的元培学院、清华大学的学堂计划、中国科技大学的英才班等，学生从大学一年级开始接受专业的拔尖人才培养；另一种以复旦大学为先驱，利用其大类招生的特点，在大学一年级进行通识教育，随后分流进入"望道计划"进行专业的拔尖人才培养（叶俊飞，2014）。

走过 9 年的基础学科拔尖学生培养试验计划初见成效，为了顺应中国建设高等教育强国的要求，2018 年教育部、科技部、财政部、中国科学院、中国社会科学院和中国科协等六部门联合推出了"基础学科拔尖学生培养计划 2.0"（以下简称"拔尖计划 2.0"）。该计划将拔尖人才培养的范围从自然科学拓展到人文社会科学，覆盖共计 17 个学科，目标是"初步形成中国特色、世界水平的基础学科拔尖人才培养体系，一批勇攀科学高峰、推动科学文化发展的优秀拔尖人才崭露头角"（中华人民共和国教育部，2018）。拔尖计划 2.0 吸取了1.0 版本积累的理念和经验，在人才选拔方面要求科学选才鉴才，即结合兴趣志向、学科潜力、综合能力和心理素质等多维度进行考察，进行多渠道招生和动态进出的全过程选拔，在培养时强调大师引领、综合素质培养和国际化交流合作，意图结合西方和中国的书院制对学习方式进行创新，以形成符合中国国情的人才培养模式，选拔培养一批基础学科拔尖人才（光明微教育，2018）。

1.2.3 基础教育领域关于资优生的教育实践

对于学生进行素质教育和创新教育，不仅是大学的任务，更重要的是从小就要开始进行有意识的培养。遴选出的拔尖学生，也可以被称为"资优生"（the gifted/talented children/students）。世界各国之所以需要选拔资优生，是出于国家育才、个人发展以及教育改革三个方面的考量（吴武典, 2003）。

早在文艺复兴时期，人们就开始关注天才教育。在 1905 年时，比奈和西蒙等心理学家联合开发了智力量表，希望通过智力测量的方式来区分异常儿童和一般儿童。20 世纪中期，在苏联发射了第一个人造地球卫星后，美国当局产生了强烈的危机意识，并且强烈地批判美国的教育并没有培养顶尖的人才。由此，美国政府颁布了一系列法案并大力推进天才教育的实施。虽然后来有一段时间因财政压力以及对于精英主义的批评，使得天才教育在一定程度上被搁置，但最近美国又逐渐恢复了天才教育，并意识到天才并不仅仅是指智力超常，而是对各方面的综合考量（Cannaday, 2015）。

针对资优生的资优教育在美国、英国、俄罗斯、日本等国家均有不同程度的发展。美国的资优教育实践肇始于 19 世纪末。"二战"后，随着各国将教育视为综合国力和国际竞争力的重要组成部分，美国也在强调教育公平性的同时，更加重视资优人才的教育与培养。美国对资优生采取了一系列针对性措施，包括设置有别于标准课程的资优课程、重视创造性思考教学等，并以绩效责任（accountability）为导向对资优教育的教学效果进行评估。英国传统社会一直非常重视阶级差序，对于精英教育的理念体现于存在差异的学校系统，但并未意识到资优学生分布于社会各个阶层。认识并接受这一现实情况后，英国于 20 世纪末开始着手规划资优教育，教育对象开始由高社会经济地位家庭学生转向真正资优和有才能的学生。英国政府也成立了"全国资优与才能青少年学会"（National Academy for Gifted and Talent Youth，NAGTY）以支持资优教育的进一步发展。与此类似，俄罗斯虽然一直重视在科学、艺术、体育等领域具有杰出才能者，但长久以来的目标是教育均等，直到 20 世纪末开始重视资优教育。日本一直坚持教育平等，反对有选择性地给予学生特殊的学习机会。但近几十年，也出现了一些有关资优教育的研究，主张具有高 IQ、高创造力等特殊才能的儿童应获得特殊的教育与支持（吴昆寿, 2016）。

综观我国实际情况，一方面教育资源有限，但亟需培养拔尖创新人才；另一方面，在国外已经形成比较成熟的资优教育政策与实践，相较之下，我国资优教育传统明显缺失。因此，为实现教育资源帕累托最优（Pareto Optimality）、教育理念与国际接轨，满足新形势下人才需求，资优教育在我国亦显得尤为必要。

资优生的培养方案与课程模式建立在资优生的定义与资优教育理念基础之上。美国对此类资优生的权威定义为："被专业人士鉴定为具有卓越表现的儿童或青少年，其在一般智力、特殊学术性、创造性思维、领导力、视觉或表演艺术等的一个或多个领域表现优异或具有潜力"（付艳萍, 2016; Davis, Rimm, Siegle, 2011）。数学早慧儿童的教育是美国较有代表性的资优教育之一。美国在 20 世纪 70 年代开始对数学早慧儿童进行超常教育的研究，即 SMPY（The Study of Mathematically Precocious Youth）项目。在学生的选拔上，SMPY 采用了 SAT 中的数学能力测验，主要用于测量 7～8 年级的学生（12～13 岁），而正常参加 SAT 测验的学生应该是 12 年级。SMPY 在学生选拔上并不采用传统的基于年龄或者年级的测试（例如，采用 7 年级的数学测试来测量 7 年级的学生），这是因为用与学生年龄相符的测试对于这些具有特殊数学天赋的学生而言并不敏感，很容易产生"天花板效应"（Lubinski, Benbow, 2006）。具体而言，数学天才学生和一般优秀的学生都有可能在与自己年龄或年级相符的测试中获得高分，但是他们完成高分背后的情况可能却存在很大差异：对于天才学生而言取得这样的成绩是非常轻松的，但是对于一般优秀学生而言可能需要非常努力才能够达到。因此，SMPY 采用高于一般水平（即高年级）的数学测试来选拔年龄较低的数学天才学生，这样不同的个体就可以在数学测试中有不同的表现，根据他们的相对位置来进行选拔（Lubinski, Benbow, 2006）。

在学生的培养和发展过程中，SMPY 则是采用了灵活、多样、个性化的教学方式。通过 SMPY 项目考核的学生可以在周末的时候参与专门的数学加速学习班。在这个班上，学生将采用自学的方式对于代数或几何进行学习。同时在课堂上，将安排几位主讲教师和助理教师对于学生在学习过程中所产生的疑问进行答疑。因为每个学生所学习的内容、进度都有所不同，这就对辅导教师的教学水平提出了很高的要求。但也正是因为如此，每个学生都可以接受符合自己学习能力、学习进度的指导，真正地实现了因材施教。此外，课堂上的教师，除了有大学教师、中学教师，还有高年级的学生担任辅导教师，以满足不同性格的学生的需求，也有助于老师与学生建立更加紧密的联系（施建农, 2015）。

结果显示，一般正常地学完代数和几何课程，需要 700 小时左右，但是在 SMPY 项目中的成员通常只花 6% 的时间就学完了既定课程，并且在 SAT 的数学考试中比一般学生的成绩要高出 200 分左右。因此，学生可以节约出来更多的时间进行在数学方面更加高深内容的学习，或者是其他与数学相关的自然科学的课程的学习，甚至是更多地发展自己的兴趣爱好。根据统计，在 1986 年的世界中学生奥林匹克数学竞赛中，美国与苏联并列获得第一名，而当时组队的 6 名美国队员中有 4 名来自 SMPY 项目，而这 4 名队员是从 40 名 SMPY 学生中选择出来的，另 2 名学生则是从美国其他几万名中学生中选出来的（施建农, 2015）。

全校性充实模式（Schoolwide Enrichment Triad Model，SEM），是另一个在美国被广泛使用的资优培养课程模式，其原型是 Renzulli 于 1986 年提出的三合充实模式（Triad Enrichment Model）。这一模式首先将各领域排名前 15%～20% 的学生选入人才库，对这些选出的学生进一步测评后，重新进行课程设计，接着对其进行三种不同类型的充实，第一种类型是试探性活动（general exploratory activity），旨在激发学生兴趣；第二种类型是团体训练活动（group training），主要培训认知、情意、书写、沟通等技能；第三种类型是个人与小组讨论真实问题（individual and small group investigation of real problems），即学生针对自己感兴趣的问题开展调查研究（谢建全等, 2016）。

我国的资优教育的雏形是古代社会神童教育；随着近代社会的发展，近代教育制度进一步确立，国民政府于 1922 年颁布的《学校系统改革案》，第一次以法律形式确立了资优教育的地位；1978 年，中国科学技术大学少年班的创办，标志着我国开始进行系统的现代资优教育的实践与探索（孟伟, 2015）。我国现代资优教育的一大特点是贯穿大学、中学、小学各个阶段，诸如小学阶段的实验班、中学阶段的资优实验班以及大学阶段的少年班，都是此类资优教育的实践。研究表明，部分特殊才能具有成长与发展的关键期，需要尽早或在适当时机进行培养。美国于 1988 年通过了《资优和才能学生教育法案》，强调资优和才能学生是关系国家未来发展的重要人才资源，必须及早发现此类学生的潜能并加以培养，否则他们为国家作贡献的兴趣可能会消失（吴昆寿，2016）。不仅如此，还应当逐渐培养出学生的"三面九项"（包括自主行动、沟通互动、社会参与三大面向，身心素质与自我精进、系统思考与解决问题、规划执行与创新应变、符号运用与沟通表达、科技信息与媒体素养、艺术涵养与生活美感、道德实践与公民意识、人际关系与团队合作、多元文化与国际理解九大项目）核心素养，才能使学生适应社会生活（蔡清田，2018a）。

核心素养指"学习者接受教育后，具备某种知识、能力、态度，足以胜任个人或社会任务行动"（蔡清田，2018b）。依据个人身心发展阶段论，有学者将核心素养作为各教育阶段的主轴，提出在幼儿园、小学、初中、高中四个关键教育阶段需要培养的核心素养，这也应当是各阶段资优教育的目标之一。

从幼儿园到高中的核心素养有层次之分、水平之别，幼儿园是第一关键教育阶段，该阶段应立足于自身文化脉络以培养幼儿面对未来社会所需的知识、能力、态度；小学是第二关键教育阶段，也是奠定学生各项素养基础的重要阶段，应强调在实际生活情境中培养核心素养；初中是第三关键教育阶段，这一阶段也是学生身心发展、自我探索与人际发展的快速期，目标在于整体提升适应社会生活的素养；高中是第四关键教育阶段，这一时期是影响学生大学专业发展方向的关键阶段，要重视培养学生的独立自主能力（蔡清田，2018a）。核心素养不仅可以通过课程改革培养之，更可以通过课程改革明确界定其架构内涵（蔡清田，2018b）。目前，国内也已有诸多基于核心素养视角的各学科教学策略的研究。

1.3 讨论

人才对于国家的发展具有至关重要的作用。能否培养出顶尖人才并产生具有深刻影响的创造性成就，将直接影响一个国家的综合国力、国际地位和话语权，决定着一个国家能否从"跟跑者""并跑者"变为"领跑者"。

根据世界一流大学人才培养项目的教育理念和实践可见，高等院校的教育理念经历了从专业教育向素质教育的过渡。然而，当我们面向未来的时候，需要意识到未来社会发展所需要的人才不再仅仅是具有高度专业化技能的人才或者仅有博雅知识和素养的全面型人才，而是能够产生重大创新突破，能够引领甚至改变行业范式的创新型人才，这就需要大学在素质教育的基础上进行创新教育，在帮助学生"成人"的基础上"成才"。

清华大学钱学森班一直致力于构建一个开放性的创新教育模式，希望学生能够践行钱学森班"不断追求卓越、持续激励他人"的教育理念。在教育实践中，我们以素质教育为基础，通过"研究性学习"让学生自由探索未来发展的方向。需要指出的是，如果说钱学森班在过去十年中取得了一点成绩，主要是因为来自不同院系、不同专业背景教师们的倾力投入，他们的辛勤付出是钱学森班培养质量的保证，也是学生成才的关键因素。

参考文献

白强. 2015. 美国名校科技创新人才培养的实践经验与启示——基于哈佛大学、斯坦福大学和麻省理工学院的考察[J]. 教师教育学报, 2(03): 112-117.

别敦荣. 2016. 世界一流大学教育理念[M]. 厦门: 厦门大学出版社.

蔡清田. 2018a. 核心素养与课程设计[M]. 北京: 北京师范大学出版社.

蔡清田. 2018b. 核心素养的学理基础与教育培养[J]. 华东师范大学学报(教育科学版), 36(01): 42-54, 161.

陈洪捷. 2003. 什么是洪堡的大学思想?[J]. 中国大学教学, (06): 24-26.

陈吉宁. 2014. 全面深化教育教学改革，大力提升人才培养质量——在清华大学第24次教育工作讨论会闭幕式上的讲话[EB/OL]. [2019-05-15]. http://www.tsinghua.edu.cn/publish/news/4214/2014/20141017140021943754294/20141017140021943754294_.html

陈乐. 2019. "多样"与"同一": 世界一流大学通识教育理念与实践[J]. 现代教育管理, (04): 43-48.

冯丽. 2017. "基础学科拔尖计划"已培养4500毕业生[EB/OL]. [2019-05-16]. http://www.moe.gov.cn/jyb_xwfb/s5147/201712/t20171204_320488.html

付艳萍. 2016. 美国高中资优教育发展研究[D]. 上海: 华东师范大学.

高景德 1984 认清形势 明确目标 积极改革 加速前进[J]. 教育研究通讯, (03): 1-10.

顾秉林. 2004. 加强实践教育 培养创新人才——在清华大学第22次教育工作讨论会开幕式上的讲话[J]. 清华大学教育研究, (06): 1-5.

顾秉林. 2009. 坚持以人才培养为根本任务 再创新百年育人辉煌——在第23次教育工作讨论会开幕式上的报告[J]. 清华大学教育研究, 30(04): 1-4, 30.

光明校园传媒. 2017. 2017年基础学科拔尖学生培养试验计划研讨会在山东大学召开[EB/OL]. [2019-05-15]. http://www.moe.gov.cn/s78/A08/moe_745/201703/t20170329_301466.html

胡显章. 2016. 清华大学校训[EB/OL]. [2019-05-15]. http://www.tsinghua.edu.cn/publish/thunews/9650/2016/20160331154406285909359/20160331154406285909359_.html

江春华. 2018. 世界一流大学长盛不衰的历史经验与启示——以牛津大学、剑桥大学为例[J]. 煤炭高等教育, 36(06): 43-47.

教育部. (2004). 2003—2007年教育振兴行动计划[EB/OL]. [2019-05-16]. http://www.moe.gov.cn/jyb_xwfb/xw_zllssj/moe_183/tnull_2305.html

李传信. 1982. 在第十六次教学讨论会上的工作报告[J]. 教育研究通讯, (01): 1-9, 17.

梁尤能. 1989. 适应社会需要 深化教育改革 提高学生全面素质[J]. 清华大学教育研究, (01): 13-22.

刘宝存. 2003. 哈佛大学办学理念探析[J]. 外国教育研究, (01): 48-53.

刘蔚如. 2013. 纪念蒋南翔同志诞辰100周年座谈会在清华大学举行[EB/OL]. [2019-05-15]. http://news.tsinghua.edu.cn/publish/thunews/10303/2013/20131106133621731952359/20131106133621731952359_.html

刘献君, 李培根. 2016. 教育理念创新与建设高等教育强国[M]. 北京: 高等教育出版社.

马骥雄. 1991. 战后美国教育研究[M]. 南昌: 江西教育出版社.

孟伟. 2015. 我国资优生培养模式变迁研究[D]. 合肥: 中国科学技术大学.

纽曼. 2001. 大学的理想[M]. 徐辉, 顾建新, 何曙荣, 译. 杭州: 浙江教育出版社.

清华大学. 1996. 抓住机遇, 深化改革, 为实现清华大学"九五"发展规划而奋斗[J]. 中国高教研究, (01): 3-6.

清华学堂人才培养计划. 2012a. 计划概况[EB/OL]. [2019-05-18]. http://www.xtjh.tsinghua.edu.cn/publish/xtjh/7948/index.html

清华学堂人才培养计划. 2012b. 钱学森力学班[EB/OL]. [2019-05-18]. http://www.xtjh.tsinghua.edu.cn/publish/xtjh/7960/index.html

邱勇. 2017. 清华大学106周年校庆致辞[EB/OL]. [2019-05-15]. http://news.tsinghua.edu.cn/publish/thunews/11069/2017/20170418112837837436588/20170418112837837436588_.html

邱勇. 2018. 深化"三位一体"教育理念 加快一流大学建设步伐——清华大学召开第二十五次教育工作讨论会闭幕式暨学习贯彻全国教育大会精神会议[EB/OL]. [2019-05-15]. https://www.tsinghua.edu.cn/publish/thunews/11975/2018/20180930083953662149144/20180930083953662149144_.html

商应美. 2011. 青少年健康幸福感研究——国外大学生创新性实践能力培养对我国的启示[J]. 中国青年社会科学, 30(03): 47-51.

施建农. 2015. 创造力与创新教育[M]. 北京: 军事医学科学出版社.

史轩. 2011. 五十年代教学改革中的清华[EB/OL]. [2019-05-15]. http://news.tsinghua.edu.cn/publish/thunews/9668/2011/20110225232156968644572/20110225232156968644572_.html

隋晓荻. 2014. 中西通识教育的思想与实践[M]. 广州: 世界图书出版广东有限公司.

王建华. 2010. 高等教育的理想类型[J]. 高等教育研究, (01): 1-10.

威廉·墨菲, 布鲁克纳. 2007. 芝加哥大学的理念[M]. 彭阳辉, 译. 上海: 上海人民出版社.

吴传刚, 孙健, 马莉. 2014. 常春藤盟校教育理念及人才培养方式探析[J]. 科技信息, (06): 16-18.

吴昆寿. 2016. 资赋优异教育概论[M]. 台北: 心理出版社股份有限公司.

吴敏生. 1996. 关于我校人才培养和教育教学改革若干问题的思路[J]. 北京高等教育, (05): 19-22.

吴武典. 2003. 三十年来的台湾资优教育[J]. 资优教育季刊(88): 1-5.

谢建全等. 2016. 资赋优异教育概论[M]. 台北: 五南图书出版股份有限公司.

辛厚文. 2008. 少年班三十年[M]. 合肥: 中国科学技术大学出版社.

徐玲玲. 2016. 国外高校创新型人才培养的实践与启示[J]. 中国市场(31): 248-249.

央视网. 2018. 习近平：发展是第一要务，人才是第一资源，创新是第一动力[EB/OL]. [2019-05-16]. https://www.yicai.com/news/5404728.html

杨晨光. 2011-02-26. 力争在拔尖创新人才培养上有所突破[N]. 中国教育报(1).

杨文斌. 2012. 国外著名大学本科人才培养模式特征分析及经验启示——以伯克利加州、牛津、东京和柏林工业大学为例[J]. 高等理科教育, (04): 80-85.

杨永利. 2015. 让创业创新的活力充分迸发[EB/OL]. [2019-05-17]. http://theory.people.com.cn/n1/2015/1231/c49154-27999090.html

叶俊飞. 2014. 从"少年班""基地班"到"拔尖计划"的实施——35年来我国基础学科拔尖人才培养的回溯与前瞻[J]. 中国高教研究, (04): 13-19.

袁驷, 张文雪. 2014. "清华学堂人才培养计划"改革与探索[J]. 中国大学教学, (03): 9-13.

张荣. 2017. 创新教育的国内外研究-研究报告[EB/OL]. [2019-05-20]. https://wenku.baidu.com/view/e2cad10b59-fafab069dc5022aaea998fcd224068.html

郑泉水. 2018. "多维测评"招生:破解钱学森之问的最大挑战[J]. 中国教育学刊, (05): 36-45.

郑泉水, 白峰杉, 苏芃, 徐芦平, 陈常青. 2016. 清华大学钱学森力学班本科荣誉学位项目的探索[J]. 中国大学教学, (08): 50-54.

郑言实. 2014. 凝心聚力，夯实依法自主办学之基——《清华大学章程》诞生记[EB/OL]. [2019-05-15]. http://www.tsinghua.edu.cn/publish/thunews/10303/2014/20141020133227870428968/20141020133227870428968_.html

中华人民共和国教育部. 2009. 基础学科拔尖学生培养试验计划实施办法[EB/OL]. [2019-05-15]. http://www.moe.gov.cn/s78/A08/gjs_left/moe_742/s5631/s7969/201210/t20121010_166818.html

中华人民共和国教育部. 2018. 教育部等六部门关于实施基础学科拔尖学生培养计划 2.0 的意见[EB/OL]. [2019-05-15]. http://www.moe.gov.cn/srcsite/A08/s7056/201810/t20181017_351895.html

周光礼. 2010. 走向高等教育强国: 发达国家教育理念的传承与创新[J]. 高等工程教育研究, (03): 66-77.

朱俊鹏. 2018. 清华大学教育工作讨论会历史沿革[EB/OL]. [2019-05-15]. http://news.tsinghua.edu.cn/publish/thunews/9668/2018/20180329150656718594132/20180329150656718594132_.html

BEN-DAVID J. 2017. Centers of Learning: Britain, France, Germany, United States[M]. Routledge.

CANNADAY J. 2015. Gifted education: identification practices and teacher beliefs[M]. Scholars' Press.

DAVIS G A, RIMM S B, SIEGLE, D. 2011. Education of the Gifted and Talented[M]. New York: Pearson.

LUBINSKI D, BENBOW C P. 2006. Study of mathematically precocious youth after 35 years: Uncovering antecedents for the development of math-science expertise[J]. Perspectives on Psychological Science, 1(04): 316-345.

第 2 章
清华大学钱学森班人才素质模型的质性研究

郭双双，杨泽云，孙　沛

（清华大学社科学院，北京，100084）

2.1　研究背景

随着工业 4.0 时代的来临，新一轮世界科技革命和产业变革正在孕育兴起，它对人类社会将带来难以估量的作用和影响，很可能引发未来世界经济、政治格局的深刻调整，重塑国家竞争力在全球的位置，颠覆现有很多产业的形态、分工和组织方式，实现多领域融通，重构人们的生活、学习和思维方式，乃至改变人与世界的关系，这其中既蕴含重大机遇，也存在不确定性和挑战（李克强，2017）。

在当今这个日新月异、机遇与挑战并存的时代中，一个国家能否抓住机遇，促进工程技术领域的迅速发展，将在很大程度上决定了国家的发展和建设水平，以及能否在未来的十几年中处于国际领先地位。国家和工业的发展归根结底需要依靠人才，尤其是符合新工科需求的人才（姜晓坤，朱泓，李志义，2018；叶民，孔寒冰，张炜，2018）。

然而，在很长一段时间内，我国的教育体系主要是依据考试成绩来评价学生，尽管传统的中考、高考等考试制度是实现教育公平的有效方式之一，但依据成绩所形成的人才选拔机制以及以考试成绩为导向的人才培养模式仍旧相对单一（李雄鹰，冷文君，孙燕超，2016），这主要体现在通过考试成绩可以反映出学生在智力、知识掌握、应试技巧等方面的表现（吕文晶，陈劲，2018；郑泉水，2018），但无更全面、立体地对学生进行评估和引导。在我国的生产力水平仍然处于相对落后的状态时，通过专业化的培养以及考试考核确实能够引导学生成长为各个领域发展所需要的人才。但今天，我们国家已经发展成为世界第二大经济体，是生产制造的世界大国。如果希望能够在未来的时代发展中使得国家的科技实力和综合国力发生质的提升，高等教育就不能再仅仅满足于培养专业化的人才，更重要的是站在国家发展和国际视野的层面上加强对于创新型人才的选拔和培养（郭广生，2011；周绪红，李百战，2018），使之能够应用现在还未出现的技术、解决现在还未出现的问题（吴爱华，侯永峰，杨秋波，郝杰，2017），满足甚至引领未来时代的发展变革（刘凡丰，2011）。

时代的变化以及国家的发展进程已经对人才的要求发生了转变，因此如何选拔并培养当今乃至未来社会所需要的人才就变得至关重要，尤其是对于学生在学习成绩之外其他素质的探索，并形成全新的人才选拔方式和培养理念（陈蕊，邵兵，李明江，2013）。因此，这就需要我们对素质和素质模型有所关注和研究。素质，是指个体所具备的、能够凭其在工作上取得优秀甚至卓越成绩的一系列相对稳定的内在特征或特点（包括知识、技能、态度、价值观、思维方式以及个性、动机等多种要素的组合），它们可以通过个体在特定工作情境中的行为表现来进行认识和测量（廖志豪，2012）。

素质模型（Competency Model，也称胜任力模型），最早是由美国学者 McClelland 等人在帮助美国政府选拔外交官时，基于该职位所需要的能力和特征所开发出来的模型。研究者筛选了绩效优异和绩效一般的两组外交官人员，通过行为事件访谈的方法，了解研究对象在职业生涯中所做过的最成功的事情和最不成功的事情，并从事件中提取胜任该岗位（绩效优异的外交官）所具备的能力和特质，而这些能力和特质往往是绩效一般的外交官所不具备的，最终构建了该职业的胜任力模型（冯明，尹明鑫，2007；李明斐，卢小君，2004；廖志豪，2012）。

目前，胜任力模型已经在人力资源领域得到了广泛的应用，在诸如党政领导干部（王振华，2005；徐俊秀，高琰，杨勇，贺宏，2015；赵辉，2006）、企业管理者（冯明，纪晓丽，尹明鑫，2007；李开新，2013；王重鸣，2002）、教师（郝兆杰，潘林，2017；何齐宗，2014；徐建平，2004）、医护人员（沈琴，李惠萍，杨娅娟，苏丹，张婷，2017；金丽娇，贾英雷，孙涛，杨立斌，曹德品，2013；赵戎蓉等，2008）等各个领域的人才选拔和培养过程中都有重要应用。

为了更贴近高端创造人才或拔尖创新人才的选拔与培养，这里我们采用素质模型的概念，而不是使用人才（talent）这样一个较为笼统的概念。以往研究也发现，相比传统的成绩或智力测验，个体所具有的素质往往能够更好地预期其在工作或任务中的表现（Kriegbaum, Jansen, Spinath, 2015; McClelland, 1973）。因此，在选拔和培养创新型人才时，除了参考其考试成绩及是否具备必要的智力基础，也许更加重要的是考核或引导学生形成创新所必须的素质。

为了解创新型人才应该具备哪些素质，本研究选择了清华大学钱学森力学班（以下简称"钱学森班"）为研究对象，希望通过对该班的教师们进行深度访谈了解他们对于创新型人才的理解和看法。钱学森班隶属于"清华学堂人才培养计划"以及国家"基础学科拔尖学生培养试验计划"（清华学堂人才培养计划，2012a, 2012b），它以工科为基础，是当前我国高等工程教育领域中关于创新型人才培养的重要试验班之一。

自 2009 年创建以来，钱学森班通过十年的教育教学实践，目前已经在创新型人才培养上取得了初步的成效：钱学森班的杨锦同学所进行的研究被认为是在基础理论研究领域取得了突破性进展；班级中六名同学合作完成的"三自由度卫星模拟气浮台"也获得了国内外专家的高度认可（袁驷，张文雪，2014）；该班 2017 年毕业生中绝大多数均申请到了国内外著名高校和研究所继续深造。截至毕业时，该班学生累计发表论文 31 篇，囊括了清华大学乃至北京市颁发的几乎所有集体荣誉（郑泉水，2018）。可见，钱学森班无论是在培养创新型个体还是团队方面均积累了一定的经验，值得研究和总结。

为了解钱学森班对于创新型人才素质的看法，本研究对钱学森班的管理者、工作组和教师们进行深度访谈和质性分析。本研究之所以决定采用质性的方法进行，这是因为质性研究与量化研究遵循不同的逻辑：量化研究遵循演绎逻辑，从提出理论假设开始，通过观察和测量对假设真实与否进行验证；质性研究遵循归纳逻辑，从观察和资料收集开始，通过逐步归纳形成对于现象的解释或理论的建构（文军，蒋逸民，2010）。因此，质性研究更加适用于完成研究目的，即探索现象，对意义进行阐释，并且发掘整体和深层的结构（陈向明，2008）。

本研究对钱学森班的相关教师们进行深度访谈，了解其对于创新型人才素质的认识和理解。基于质性分析中的主题分析和内容分析的方法，逐步归纳、提炼出教师们心中创新型人才的素质模型，为未来相关人才的培养目标设定、选拔与培养环节设置、拔尖学生测评体系建立等方面提供参考。

2.2　研究方法

1）访谈对象

本研究采用的是非概率抽样中的"目的性抽样"，即寻找那些能够为研究提供最大信息的样本（Patton，1990）。本研究共邀请18名钱学森班的相关教师（包括学校管理层、项目负责人、核心工作组、一线教师、项目顾问等）参与深度访谈，其中包括2名学校管理人员、1名院士、12名教授、2名副教授和1名重点中学校长。该18名教师均具有长期的教育教学经验，了解学生的成长发展情况，访谈对象基本涵盖了钱学森班核心团队80%以上的教师。

2）研究工具

访谈前设计半结构化访谈提纲，访谈中进行录音并用电脑和纸笔同时记录，访谈后将录音转化为文本，通过Nvivo11软件进行质性分析。

3）数据采集

（1）访谈前设计访谈提纲，经过多次讨论最终从备选的29题中选择了9题，增4题一共形成了13题的访谈提纲，见本章附录1，以确保能获得目标信息。访谈问题包括"您认为钱班的目标是培养什么样的人才""这样的人才应该具备什么样的能力素质""这些能力素质可以通过哪些行为表现出来""是否可以列举一两个您认为特别拔尖的学生的例子"等。此外，访谈中研究者也对提纲外的问题保持开放，尤其是对访谈对象所提及的关键信息进行追问。

（2）通过邮件、微信等方式联系访谈对象，在其方便的时间和地点进行访谈。访谈前，我们先就天气、日程安排等内容进行聊天，等气氛放松后开始正式访谈。首先，主访人对访谈团队（2～3人）进行介绍，说明此次访谈的主要目的，并强调访谈内容的匿名性与保密性，之后就能否录音征求访谈对象意见，所有访谈对象均表示可以录音。访谈中，一名主访人按照访谈提纲以口语化的方式进行提问，其他采访者进行补充性提问，尤其是对于访谈对象所提及的关键信息进行追问，请其通过具体的事例和行为表现对拔尖学生的能力素质进行阐述，以进一步明确教师心中某项人才培养目标所代表的含义。访谈结束后，我们对访谈对象表示真挚的感谢，并询问若有需要能否再约其进行访谈，所有访谈对象均表示可以。

（3）对访谈录音进行逐字转录并多次检查，标注访谈对象的语气、笑声、神态、动作等，力求再现访谈过程。平均每次访谈时长为 79.92（SD = 29.03）分钟，平均每次访谈文本为 20476（SD = 6202.39）字。

4）数据分析

本研究希望了解钱学森班教师们对于人才培养目标的看法，据此我们选择主题分析和内容分析作为数据分析的方法。主题分析是指一种识别、分析、报告数据中出现的模式或主题的研究方法（Braun, Clarke, 2006）。在研究中，我们反复回听访谈录音、阅读转录本文，首先选择一篇结构较好、内容丰富的文本，对于与研究问题相关的信息进行逐行逐句编码（表 2.1），形成最初的编码簿。之后，采用同样的方式对余下访谈文本进行编码，并不断更新和调整编码簿。与此同时，将含义类似的编码归整到同一主题下，并检查主题与编码、主题与文本之间的匹配程度。最后，对每个主题进行更为准确的命名并给予明确的定义。此外，本研究还采用了内容分析的方法，即对每个主题及编码出现的频率进行统计。主题分析和内容分析的过程是参考现有的方法介绍文献（Braun, Clarke, 2006）和已发表的研究（吴继霞，黄希庭, 2012; Garcia-Romeu, Himelstein, Kaminker, 2015）完成的。

表 2.1　访谈片段及主题分析示例

访谈片段示例	编码
A：我倒不看重他的知识，我看重的是他的自学能力。他有能够理解、能够接受的自学能力，我更看重这个。因为现在知识爆炸得太厉害了，不管你学得多快，你都跟不上知识（更新的速度），并且最核心的还不是知识，最核心是你对知识的融会贯通。知识会给你带来一个束缚，会束缚你的想象。你老是想到这不可能，是因为知识造成的。实际上就是你很难跳出这个（束缚）。	自学能力强 知识融会贯通 跳出束缚
A：对知识深度达成，要通过精深学习，实际上精深学习最主要的是通过研究、通过提问，就是学问学问，通过提问把这个东西凝练成他的核心，这个要花时间，要反复推敲……做事的另外一个成败就是你要有眼光，就是你要知道的东西宽广而不要深，你不可能深，你要知道很多东西，都要知道。	知识精深 研究提问达到精深 有眼光 知识宽广
A：他的开放性，我还有一个非常重要的（因素）—— 开放性。开放性非常重要，开放性体现了很多方面，就体现他的自信、体现他的心态。是一种消极心态，还是一种非常积极的心态？他非常愿意去接纳新知识，接纳新的事物，眼光放得开，思维也放得开，能接触到不同的人。假如说我最核心的几个东西：一个是动机，他有这个动机，有这个热情。第二位的就是开放性。第三位，比如说他的坚毅。	开放性 自信 消极或积极心态 接纳新知识和事物 眼光思维放得开 接触不同的人 动机和热情 坚毅

2.3 研究结果

2.3.1 清华大学钱学森班人才素质模型

根据主题分析和内容分析，本研究一共提炼出 16 个核心主题、43 个主要编码形成钱学森班人才培养目标体系，并统计了各主要编码的来源、参考点和覆盖率（见表 2.2）。其中，来源是指有多少位访谈对象提及该编码，参考点个数是指该编码被所有访谈对象一共提及了几次，覆盖率是指该编码的内容占总访谈记录的比例。有底色标记的表示来源数超过 10、参考点超过 50，且覆盖率超过 1% 的编码。

表 2.2 清华大学钱学森班人才素质模型

序号	核心主题	主要编码	来源	参考点	覆盖率
1	智力天赋	一定的智力基础	11	21	0.26%
2		特殊领域天赋	4	6	0.12%
3	知识掌握	基础知识扎实	16	58	1.77%
4		专业知识精深	10	32	0.63%
5		综合知识广泛	9	26	0.52%
6		融会贯通与知识迁移	11	50	1.32%
7	学习能力	自主学习能力	7	39	0.60%
8		快速学习能力	4	6	0.14%
9	认知思维	活跃开阔	6	21	0.79%
10		新颖独特	6	14	0.33%
11		聚合思维	1	3	0.06%
12		逻辑思维	6	8	0.25%
13		批判性思维	3	15	0.11%
14		独立思考	7	17	0.42%
15		深度思考	5	7	0.15%
16		全局思考	6	17	0.75%
17		识别判断	2	3	0.09%
18	好奇心	好奇心	9	16	0.21%
19	开放性	接纳新事物	2	4	0.05%
20		想象力	4	14	0.19%
21	积极主动	积极主动	12	57	1.09%

续表

序号	核心主题	主要编码	来源	参考点	覆盖率
22	追求卓越	追求卓越	7	25	0.56%
23	勇气	勇于挑战权威	2	4	0.16%
24		勇于挑战困难的事情	7	20	0.61%
25		勇于挑战全新的领域	3	7	0.21%
26	自尊自信	自尊	4	4	0.21%
27		自信	11	29	0.73%
28	坚韧	心理韧性	8	35	0.77%
29		遇到困难坚持不懈	12	38	0.48%
30	志趣	内部动机	15	86	1.54%
31		自主决定	5	19	0.34%
32		目标清晰	10	39	0.96%
33		目标远大	14	63	1.38%
34	投入	持续投入	2	3	0.06%
35		高强度投入	6	14	0.37%
36		愿意投入	6	11	0.19%
37		专注	8	12	0.24%
38		沉浸	6	7	0.18%
39	自律能力	自律能力	7	33	0.38%
40	人际能力	交流沟通	9	43	1.10%
41		团队合作	11	76	1.29%
42		领导力	6	43	0.88%
43	道德品质	道德品质	6	34	0.57%
	合计		18	1079	23.06%

2.3.2 清华大学钱学森班人才素质模型含义及示例

（1）智力天赋

智力，是指基本的认知能力。天赋，是指对某个领域有着极高的理解力和悟性，并对其十分擅长。访谈显示，钱学森班的学生在智力水平上并没有大的差别，但想要成为拔尖学生则需要具有一定的智力基础，并且最好对某个领域有一定的天赋。访谈示例如下：

一定的智力基础："钱班这些学生的智商没有大的差别，你说谁聪明到哪儿、了不得了？没有。都很聪明，都很聪明"（007）。①

特殊领域天赋："爱因斯坦是属于那种，我认为是那种天赋"（003）。

（2）知识掌握

知识，是指某领域内的事实性信息，包括符号、现象、原理、理论、范式等。访谈显示，拔尖学生需要具有扎实的基础知识，并在此基础上能够对知识融会贯通，甚至迁移应用到不同领域中。除基础知识外，拔尖学生还需要具备宽广的知识面（了解不同领域的知识）以及精深知识（在某个知识点上具有深入的了解）。只有具备上述这些基本条件，才能够支撑学生在某个领域中做出扎实、创新的工作。访谈示例如下：

基础知识扎实："我现在给他讲这么多、教他打基础会不会起反效果？我想这个不会。我们看了很多人的成长经历，像钱学森就是基础打得特别扎实、特别好。所以从这个意义上来讲，把他们的基础打好是很重要的"（008）。

专业知识精深："所以从这个道理上来讲，似乎学什么并不重要，但是要学有一定深度和复杂程度的内容，并且能够把这些内容训练、展示出来。完全白开水式的课程是没有意义的，用 Google 或者百度搜一下就好了"（008）。

综合知识广泛："就是你要知道的东西宽广而不要深。你不可能深，你要知道很多东西，都要知道"（003）。

融会贯通："因为现在知识爆炸得太厉害了，不管你学得多快，你都跟不上知识（更新的速度），并且最核心的还不是知识，最核心是你对知识的融会贯通"（003）。

知识迁移："就是说，把他这个非常好的数学和力学的基础，引入到那样一个问题当中去，给出一个让生物老师大跌眼镜，但是茅塞顿开的解决（方案）。他（生物老师）会说，哎哟！我要是多几个这样的学生，我这里面很多问题可能就可以迎刃而解，甚至说是可以很漂亮的（解决）"（001）。

（3）学习能力

学习能力，是指对于知识的吸收能力，包括是否为自主学习以及是否能够快速学习两个维度。访谈显示，拔尖学生通常具有极强的自学能力、懂得自学的方法并且学习、吸收知识的过程非常迅速。访谈示例如下：

自主学习能力："我给他参考书、给他指引资源，他能够自己自学这些事。而且这学生他会自己找资源。大概他自己之前在力学系上×××（人名）老师的课……他就老去问，追着×××（人名）老师问具体的建模方法，他自己会找资源"（010）。

快速学习能力："他已经非常厉害，他学什么东西，只要他需要，他一定会非常快地学会，并不需要像我们这样按部就班地学，不需要的"（018）。

（4）认知思维

认知思维，是指对于问题或事物的思维方式。访谈显示，拔尖学生的思维是活跃开阔、新颖独特的，但同时具有逻辑性、符合实际情况（即聚合思维）。此外，拔尖学生应具有批判性思维，能够辩证地看待事物和观点、敢于质疑而非盲目相信。思考和观点的提出是独

---

① 007 为访谈对象编号，下同。

立的，并且能够针对某个问题或话题进行深度的思考，甚至能够上升到哲学的高度。此外，拔尖学生能够从全局的视角思考问题，而不是仅关注眼前的利益。最后，能够对事物是否可行进行良好的识别和判断。访谈示例如下：

活跃开阔："就是他思维上够不够活跃……我觉得特别是中学生，这个年龄的话，我很希望思维能有那种一点儿脑洞大开的感觉，找点那种感觉"（006）。

新颖独特："看起来比较有想法，而且他的想法很特别、不是人云亦云的，我想抓住这种特点"（008）。

聚合思维："你先都写下来，你就不要再改了。写下来，然后每个人在一分钟的时间内去 pitch（提出），从这里面拿出一个你认为最好的 idea（想法），讲给大家听"（001）。

逻辑思维："物理可以帮助人们建立一个好的思维。这个定理可以是对、可以是错，但是怎么去思考它是对或错？这个应该是从事科学研究的人基本都认可的"（002）。

批判性思维："敢多质疑，敢于质疑"（005）。

独立思考："你还不如放手让他自己去做，就是我给他的问题本身就并不是说我需要你有很多的 knowledge（知识）。我就需要中学的 knowledge，但是你有你自己的想法"（006）。

深度思考：①"对比较复杂的知识体系和难题进行一层层、抽丝剥茧的分析，深度挖掘、深入思考和探究的能力也非常关键"（008）；②"培养帅才要很注意学习哲学。不是干巴巴在学习，就是你要真正把它学成了、化掉的那样一种哲学"（015）。

全局思考："他要比同时代、同龄以及周围的人，从时间尺度上看得更久远，从空间尺度上看得更全局"（002）。

识别判断："这个道理就是讲从 0 到 1 的突破，你得经历很多黑暗的时间，根本无路可走。根本无路可走的话，你能不能来识别这个事情，就非常重要"（003）。

（5）好奇心

好奇心，是指对周围世界保持敏感、善于观察并常提出问题。访谈显示，拔尖学生应具有孩子般的好奇心，对周围事物保持敏感，并且愿意探究、刨根问底。访谈示例如下：

好奇心："做自然科学研究的人应该始终像孩子一样好奇、愿意探究"（002）。

（6）开放性

开放性，是指对周围世界保持开放心态、对新事物具有较强的了解意愿和接纳程度。访谈显示，拔尖学生应愿意尝试新事物、愿意接纳新观点，并具有较高的想象力，即能够将看似无关的事物合理地联系起来。访谈示例如下：

接纳新事物："他非常愿意去接纳新知识，接纳新的事物"（003）。

想象力："当你发现这帮学生的想象力被你激发起来以后，他就能够想出解决方案"（001）。

（7）积极主动

积极主动，是指个体主动采取行动。访谈显示，拔尖学生应积极主动地行动，充分利用一切资源来解决问题或实现自己的目标。访谈示例如下：

积极主动："尽管我们没说一定是什么样的人，但是毕业好几届学生了，感觉毕业后比较好的，就都是那种特别积极的"（004）。

（8）追求卓越

追求卓越，是指个体并不是仅停留于现状，而是为自己设定更高的目标和要求，并努力实现的过程。访谈显示，拔尖学生应该在学业或研究中根据自己的需求进行学习，并且在学习的过程中不仅满足于老师的要求或同学的进度，而是有着自身对于知识和技术的更深远、更卓越的追求。访谈示例如下：

追求卓越："我学普通物理，普通物理那是每个大学都开的课，很多学生能够听懂老师讲课，能够完成导师指定的习题作业就满足了。但是我当时没有满足，我要去找一本最好的普通物理书"（012）。

（9）勇气

勇气，是指个体行动时不害怕困难和失败，敢于尝试。访谈显示，拔尖学生应该是勇于挑战权威的，对权威所说的观点并不盲从。此外，也应勇于尝试完成具有一定难度的事情，尤其是在面对自己之前从未接触过的全新领域时，不畏难，挑战自己。访谈示例如下：

勇于挑战权威："所以那个学生大一时会被微积分吓趴下，说一个 tutor（辅导教师）可能是什么英国皇家学会会士。他一开始就被吓得好惨，然后等到他二、三年级时，他发现说我可以挑战我老师，你想那是一种什么感受，对吧？他说皇家学会的院士也就这样，我挑战你是吧"（006）？

勇于挑战困难的事情："你可以想象出来的任何场景，极端挑战性的场景。第一，从精神气质上，他有这种战胜或者说挑战的气质在。他说，这东西要是我也搞不定，那就没有人搞得定。我可以去试，我永远可以应对这种挑战"（001）。

勇于挑战全新的领域："他可能犯错，搞得乱七八糟，找乱子，但是他敢于尝试，敢于去开辟新的方向和领域，不管是对还是错……这样的人，他的典型特点就是不怕新东西，不怕难题，他不会说'我万一失败了'会怎么样"（008）。

（10）自尊自信

自尊，是指个体能够悦纳自己。自信，是指个体对自我的期许以及相信自己有能力完成需要完成的事情。访谈显示，拔尖学生应该自尊自信，尤其是在经历挫折后，能够坦然地接纳自己的弱点和不足，并且仍然能够看到自身的优势和价值。同时，在面对事情时流露出较强的自信心，相信自己一定能够圆满地完成任务。访谈示例如下：

自尊："在前几次考试之后，他发现无论自己怎么努力成绩也上不去，所以自尊心和自信心的依托就没有了"（002）。

自信：①"他觉得自己能够去参与，自己将来也能够在相关的行业领域，在自己从事的领域做出改变。我把这话说远一点，我现在觉得这真是很重要的一个学生的自我期许"（013）；②"他从国外交换六个月回来以后，我觉得他精神面貌也有所改变，他觉得自己自信满满，因为以前可能还主要在清华这样的团队，清华这样的氛围。他去 MIT 交换六个月回来以后，我觉得他精神面貌、自信心又上了一个台阶"（016）。

（11）坚韧

坚韧，是指个体对于困难能够合理应对、坚持不懈。访谈显示，拔尖学生具有较高的心理韧性，能够合理应对挫折，并在遇到挫折和困难时不轻言放弃，始终相信自己。访谈示例如下：

心理韧性："另一个就是说当他受到挫折的时候，他不一定能够很好地去应对这些东西"（005）。

遇到困难坚持不懈："第二个要素要能够坚持。然后走到这里的时候，绝不轻言放弃"（003）。

（12）志趣

内部动机，指个体行动的原因是因为对事情本身的热爱，而不是外部动机导向，不是为了获得事情之外的奖励或报酬。自主决定，指个体所选择的方向是自己独立进行的，听从自己的内心，而不是为了迎合外部的环境或标准。目标清晰，指个体对于未来想要达成的成就或目的具有明确的方向和规划。目标远大，指个体希望未来所实现的成就能够在更高的水平上、影响更多人，甚至是对历史社会产生深远的影响。访谈显示，拔尖学生在完成事情时，首先需要具有强烈的内部动机，即因为对事情本身的兴趣而进行，而不是首先关注分数、薪水或他人评价等，并且该选择是学生自主决定的，没有受到外界的干扰或左右。其次，拔尖学生对于自己未来想要达成的目标具有清晰的愿景，并且相信该目标能够产生广泛且深远的影响，例如希望能够把自己的所学所做同国家、民族乃至全人类的发展联系起来。访谈示例如下：

内部动机："希望培养在工科技术领域能够做出很大创新贡献的人，这是目标。我当初归纳一下，这样的人大概要做成这件事呢，可能最主要的，我觉得是他自己，他自己想做这件事，就是他自己有这个热情，我认为最主要的是他自己有这个热情，然后做他想做的事儿"（003）。

自主决定："我们招收的学生在高考中应该是属于很前列的，他们本身是有可能选择像××××（专业名称）这一类高收入或者'世俗'看上去更好的专业。但是他们愿意来力学，说明这些学生已经能在一定程度上摆脱世俗的判断了……有一定的独立思考能力，不从众了"（002）。

目标清晰："就是他们以后做什么通常是比较清晰的"（004）。

目标远大："钱学森有很强的责任感。他最开始学的是交通和铁路，但在日本入侵中国后，他认为自己应该要去学航空，要让中华民族强大起来。事实上，那时候不仅是钱学森，像西南联大前后的那一批人都目标远大"（002）。

（13）投入

投入，是指个体为完成任务付出大量努力。访谈显示，拔尖学生的投入应是持续、高强度的，并自愿投入其中。此外，能长时间专注在一个问题或领域上投入，在进行事情的过程中能够沉浸其中，忘记时间的流逝。访谈示例如下：

持续投入："这个投入是一种持续的、疯狂的投入。那这就跟另外一个要素关联，疯狂投入，它是一种持续的、高强度的投入……因为很多学生，我注意到他们觉得我一下就懂了，他们投入不够。这个我是受到了一本书影响，就是 10000 个小时"（003）。

高强度投入："他都是专注的、高强度投入。但我只是说，他喜欢这件事使得他能够高强度投入"（003）。

愿意投入："这么好的学生，一定是刚才讲的，这是他特别愿意投入很多很多时间去把它学好的学生。你只有极个别、极个别的学生是例外。大多数就是因为他投入非常多时间、特别喜欢它，投入时间就当玩一样，因为他玩，所以他也不会累。洗澡的时候在想这个事，上厕所在想这个事，走路在想这个事。他投入时间比你表面上看到的时间多得多，所以他走得很远是理所当然的，对吧？是理所当然的"（003）。

专注："他是干一件事能静下心来，很长时间能安心地研究一件事"（005）。

沉浸："钱学森班有个工程前沿课程，每次课邀请不同的老师做讲座。有一次是×××（人名）老师讲座，到了教室后没有学生，就打电话给班主任，才发现学生都在实验室调试大作业程序，忘了要去上课"（009）。

（14）自律能力

自律能力，指个体能够有较好的自控力和自我管理的能力。访谈显示，拔尖学生能够在更值得做的事情和想要做但价值较低的事情之间进行合理的平衡与取舍，例如能够在学业、科研或工作之余，懂得如何有节制地进行休闲、娱乐和玩耍。访谈示例如下：

自律能力："他能不能控制自己的这一些：业余生活也好、玩也好。玩游戏我们其实不反对，看他控制度"（017）。

（15）人际能力

人际能力，是指在与他人相处时所表现出来的能力，包括交流沟通、团队合作和领导力。访谈显示，拔尖学生应该具备良好的沟通能力，能够准确地表达自己并理解他人，同时能够使双方的交流过程较为愉快。此外，拔尖学生还应该具有一定的团队协作能力，即在团队中能够出色地完成自己的角色和任务，同时懂得欣赏团队中其他成员的优点，尊重别人。如果想要真正成为拔尖人才，还需要具备一定的领导能力，即能够传递给团队未来的愿景、形成团队文化和凝聚力，并且有效地带领团队成员朝向共同的目标而努力，甚至是动员他人帮助实现自己的意愿。访谈示例如下：

交流沟通："还有一个就是我们在培养过程中也发现，学生怎么样跟同事、跟同学、跟老师打交道，对他的今后的发展有很大的影响。实际上这也是从我们自身的发展意识到，这对一个比较正常的人或者一个比较完善的人来说很重要"（004）。

团队合作："实际上 teamwork，讲团队工作、团队精神的话，最重要的事情就是看到别人优点"（011）。

领导力："领导力里面就是你的意向，别人 follow"（003）。

（16）道德品质

道德品质，是指学生能够在行为举止中符合社会法律和道德规范，例如诚信、感恩、善良、帮助他人等。这些是学生成为拔尖人才必须学会做人的基础。访谈示例如下：

道德品质：①"讲的就是你的诚信……他们其实挺注重德育的培养的"（014）；②"特别是一个感恩的人、善良的人、帮助别人的人"（017）。

2.4　研究讨论

通过对钱学森班 18 名教师的深度访谈和主题分析、内容分析，本研究提炼出 16 个核心主题、43 个主要编码形成钱学森班人才培养目标体系，包括智力天赋、知识掌握、学习能力、认知思维、好奇心、开放性、积极主动、追求卓越、勇气、自尊自信、坚韧、志趣、投入、自律能力、人际能力和道德品质。其中，知识掌握、积极主动、志趣、人际能力等方面在访谈中出现的频率更高。

与国外 CDIO 工程教育模式相比（见附录 2），本研究也发现了诸如道德品质、知识掌握、认知思维（创新思维、批判性思维）、坚韧、人际交往等方面素质对于成长为创新型人才的重要性（CDIO, 2019a）。这些素质能够帮助个体首先成长为一个完善的人，其次是有知识和技术的人，最后才是有创新能力的人。本研究还发现，钱学森班老师们特别强调个体的志趣在创新过程中所发挥的作用，老师们普遍认为，只有帮助学生找到自己感兴趣的方向并且帮助学生树立清晰且远大的理想，才能够让学生在创新的路上走得更坚定、更长远，这是钱学森班在人才培养方面"以学生为中心"的重要体现。

此外，钱学森班的首席郑泉水教授曾经提出希望能够选拔并培养具有内生动力、开放性、坚毅力、智慧和领导力的人才，简称"五维模型"（郑泉水, 2018）。本研究的人才素质模型与五维模型均提出了追求卓越、志趣（内生动力）；认知思维、开放性、好奇心（开放性）；勇气、坚韧、投入（坚毅力）；智力天赋、知识掌握、学习能力（智慧）；人际能力（领导力）等的重要作用。此外，本研究还发现钱学森班老师们重视诸如积极主动、自尊自信、自律能力、道德品质等素质，这些素质更加关注于如何培养人，而不仅是创新人才，因此本研究是对五维模型在如何培养人方面的一项重要补充。

为了适应未来教育发展的需要，我国乃至世界范围内的高等教育理念均经历了从专业教育向通识教育、从"通专冲突"向"通专融合"的转变（陈向明, 2006; 周谷平, 张丽, 2019）。对照本研究所得到的钱学森班人才素质模型，我们可以看出专业知识精深、学习能力等与专业教育更为相关（An, Song, Carr, 2016; Ericsson, Krampe, Tesch-Römer, 1993; Macnamara, Hambrick, Oswald, 2014），而综合知识广泛、道德品质等与通识教育更相关（李曼丽, 汪永铨, 1999）。此外，还有一些素质更加侧重于创新型人才培养，例如认知思维（活跃开阔、新颖独特）、好奇心、开放性、积极主动、追求卓越等（Kaufman et al., 2016; McCrae, 1987; Sun et al., 2016）。从人才素质模型上可以看出，专业教育、通识教育、创新教育三者并不是割裂的，而是共存的。我们认为，在现实的教学实践中，可能需要以通识教育为根基，以专业教育为抓手，以创新教育为导向对人才进行培养，只有这样才能真正培养出具有全面的道德素养和学识基础，并且真正能够在行业领域中产生创造力的人才。

当然，本研究也存在一些局限。本研究采用的主要是直接询问教师们的方法，请教师们对于素质进行罗列和阐述。在未来的研究中，我们会持续追踪钱学森班的在读学生和毕业生以及其他类似人才培养项目的学生，观察其在创新方面的表现，通过行为事件访谈的方法进行更进一步的研究，并与本研究的结果进行对比验证。

无论是从当今的国际趋势还是我国社会发展进程中均可看出，我们正在面临着在科学技术方面的一次重大机遇和挑战。在这个背景下，更需要从国家战略以及长远发展的角度来重新定位高等教育（尤其是高等工程教育）的人才培养理念和目标，并且真正选拔培养出一批具有杰出创新能力的学生。

　　此外，高等教育对于人才的选拔机制和标准的改变，也将进一步带动中小学对于学生培养方向的转变。只有真正地帮助学生从唯考试、唯分数的评价体系中解放出来，充分激发学生的创新潜能，并提供自由自主的学习成长环境，才会培养出一批创新型人才并产生创新型成就。在多元评价体系的作用下，学生能够在成长的过程中充分发挥主动性、体验到成功的快乐，逐步成长为各个行业领域里具有杰出创造力的人才，推动国家科学技术和工程制造的进一步发展。

参考文献

陈蕊, 邵兵, 李明江. 2013. 拔尖创新人才综合素质培养体系建设的理论与实践[J]. 思想政治教育研究, 29(05): 116-121.

陈向明. 2006. 从北大元培计划看通识教育与专业教育的关系[J]. 北京大学教育评论(03): 71-85, 190.

陈向明. 2008. 质性研究的新发展及其对社会科学研究的意义[J]. 教育研究与实验(02): 14-18.

冯明, 纪晓丽, 尹明鑫 2007. 制造业管理者元胜任力与行业胜任力和绩效之间关系的实证研究[J]. 中国软科学(10): 126-135.

冯明, 尹明鑫. 2007. 胜任力模型构建方法综述[J]. 科技管理研究(09): 229-230, 233.

郭广生. 2011. 创新人才培养的内涵、特征、类型及因素[J]. 中国高等教育(05): 12-15.

郝兆杰, 潘林. 2017. 高校教师翻转课堂教学胜任力模型构建研究——兼及"人工智能+"背景下的教学新思考[J]. 远程教育杂志, 35(06): 66-75.

何齐宗. 2014. 我国高校教师胜任力研究:进展与思考[J]. 高等教育研究, 35(10): 38-45.

姜晓坤, 朱泓, 李志义. 2018. 新工科人才培养新模式[J]. 高教发展与评估, 34(02): 17-24, 103.

金丽娇, 贾英雷, 孙涛, 等. 2013. 基于探索性因子分析的全科医生胜任力模型构建研究[J]. 中国全科医学, 16(37): 3659-3661.

李开新. 2013. 电信企业管理人员胜任素质及其对企业绩效影响机制研究[D]. 北京: 北京交通大学.

李克强. 2017. 李克强主持国务院党组理论学习中心组学习讲座[EB/OL]. [2019-05-25]. http://www.gov.cn/xinwen/2017-06/25/content_5205316.htm

李曼丽, 汪永铨. 1999. 关于"通识教育"概念内涵的讨论[J]. 清华大学教育研究(01): 99-104.

李明斐, 卢小君. 2004. 胜任力与胜任力模型构建方法研究[J]. 大连理工大学学报(社会科学版)(01): 28-32.

李雄鹰, 冷文君, 孙燕超. 2016. 综合评价:高考改革的新导向[J]. 高校教育管理(10): 47-53.

廖志豪. 2012. 基于素质模型的高校创新型科技人才培养研究[D]. 上海: 华东师范大学.

刘凡丰. 2011. 面向未来,我们准备好了吗?——"面向未来人才需求的高等教育"研讨会综述[J]. 复旦教育论坛(9): 84-86.

吕文晶, 陈劲. 2018. 当新工科遇上新高考: 机遇、问题与应对[J]. 高等工程教育研究(01): 78-83.

清华学堂人才培养计划. 2012a. 计划概况[EB/OL]. [2019-05-26]. http://www.xtjh.tsinghua.edu.cn/publish/xtjh/7948/index.html

清华学堂人才培养计划. 2012b. 钱学森力学班[EB/OL]. [2019-05-26]. http://www.xtjh.tsinghua.edu.cn/publish/xtjh/7960/index.html

沈琴, 李惠萍, 杨娅娟, 等. 2017. 护士核心胜任力的研究进展[J]. 中华护理教育, 14(05): 395-398.

王硕旺, 洪成文. 2009. CDIO: 美国麻省理工学院工程教育的经典模式——基于对 CDIO 课程大纲的解读[J]. 理工高教研究, 28(04): 116-119.

王振华. 2005. 基层党政干部胜任特征实证研究[D]. 苏州: 苏州大学.

王重鸣, 陈民科. 2002. 管理胜任力特征分析:结构方程模型检验[J]. 心理科学(05): 513-516, 637.

文军, 蒋逸民. 2010. 质性研究概论[M]. 北京: 北京大学出版社.

吴爱华, 侯永峰, 杨秋波, 郝杰. 2017. 加快发展和建设新工科, 主动适应和引领新经济[J]. 高等工程教育研究(01): 1-9.

吴继霞, 黄希庭. 2012. 诚信结构初探[J]. 心理学报, 44(03): 354-368.

徐建平. 2004. 教师胜任力模型与测评研究[D]. 北京: 北京师范大学.

徐俊秀, 高琰, 杨勇, 贺宏. 2015. 党政干部胜任力模型研究[J]. 中国卫生质量管理, 22(04): 63-66.

叶民, 孔寒冰, 张炜. 2018. 新工科:从理念到行动[J]. 高等工程教育研究(01): 24-31.

叶民, 叶伟巍. 2013. 美国工程教育演进史初探[J]. 高等工程教育研究(02): 109-114.

袁驷, 张文雪. 2014. "清华学堂人才培养计划"改革与探索[J]. 中国大学教学(03): 9-13.

赵辉, 黄晓, 韦小军. 2006. 党政领导干部胜任力模型的构建[J]. 科学管理研究(02): 88-91.

赵戎蓉等. 2008. 护士核心胜任力界定工具的编制和评价研究[J]. 中华护理杂志(06): 485-489.

郑泉水. 2018. "多维测评"招生:破解钱学森之问的最大挑战[J]. 中国教育学刊(05): 36-45.

周谷平, 张丽. 2019. 我国大学通识教育的回顾与展望[J]. 教育研究, 40(03): 107-116.

周绪红, 李百战. 2018. 国际化引领新时代高校拔尖创新人才培养[J]. 中国高等教育(02): 28-30.

AN D, SONG Y, CARR M. 2016. A comparison of two models of creativity: Divergent thinking and creative expert performance[J]. Personality and Individual Differences, 90: 78-84.

BRAUN V, CLARKE V. 2006. Using thematic analysis in psychology[J]. Qualitative Research in Psychology, 3: 77-101.

CDIO. 2019a. CDIO Syllabus 2.0[EB/OL]. [2019-05-30]. http://www.cdio.org/benefits-cdio/cdio-syllabus/cdio-syllabus-topical-form

CDIO. 2019b. Conceive, Design, Implement, and Operate[EB/OL]. [2019-05-30]. http://cdio.org

ERICSSON K A, KRAMPE R T, TESCH-RÖMER C. 1993. The role of deliberate practice in the acquisition of expert performance[J]. Psychological Review, 100: 363-406.

GARCIA-ROMEU A, HIMELSTEIN S P, KAMINKER J. 2015. Self-transcendent experience: A grounded theory study[J]. Qualitative Research, 15: 633-654.

KAUFMAN S B, QUILTY L C, GRAZIOPLENE R G, HIRSH J B, GRAY J R, PETERSON J B, DEYOUNG C G. 2016. Openness to experience and intellect differentially predict creative achievement in the arts and sciences[J]. Journal of Personality, 82: 248-258.

KRIEGBAUM K, JANSEN M, SPINATH B. 2015. Motivation: A predictor of PISA's mathematical competence beyond intelligence and prior test achievement[J]. Learning and Individual Differences, 43: 140-148.

MACNAMARA B N, HAMBRICK D Z, OSWALD F L. 2014. Deliberate practice and performance in music, games, sports, education, and professions a meta-analysis[J]. Psychological Science, 25: 1608-1618.

MCCLELLAND D C. 1973. Testing for competence rather than for "intelligence"[J]. American Psychologist, 28: 1-14.

MCCRAE R R. 1987. Creativity, divergent thinking, and openness to experience[J]. Journal of Personality and Social Psychology, 52: 1258-1265.

MIT_AEROASTRO. 2015. MIT AeroAstro Strategic Plan 2015[EB/OL]. [2019-05-30]. https://aeroastro.mit.edu/sites/default/files/uploads/MIT_AeroAstro_StrategicPlan-2015.pdf

PATTON M Q. 1990. Qualitative evaluation and research methods[M]. SAGE Publications, Inc.

SUN J, et al. 2016. Training your brain to be more creative: brain functional and structural changes induced by divergent thinking training[J]. Human Brain Mapping, 37: 3375-3387.

附录1 访谈提纲（钱学森班老师版）

首先介绍访谈目的，强调访谈的匿名性，并征得录音同意。

针对钱学森班学生：

1. 钱学森班的目标是培养什么样的人才？这样的人才应该具备什么样的能力、素质？

2. 什么样的能力、素质，可以帮助一名钱学森班学生在学习中取得成功？这些素质可以通过哪些行为体现出来？

3. 什么样的能力、素质，可以帮助一名钱学森班学生在未来的事业发展中取得成功？这些素质可以通过哪些行为体现出来？

4. 举出一两个您认为特别优秀的学生的例子。这些学生达到了您的预期吗？哪些地方达到了？

5. 学生给您带来了什么样的启发？

针对选拔：

1. 选拔的过程中，您主要是依据什么标准来选拔孩子的？

2. 在选拔过程中，排名在前面和后面的学生，他们差距在哪里？

3. 我们现在的选拔标准、选拔方式，还有哪些地方，是您觉得可以改进的？

针对钱学森班培养制度：

1. 现在的培养方式里面，有哪些地方做得很好？

2. 现在的培养方式里面，有哪些还需要进一步加强？

3. 小班级的集体氛围如何？

4. 国外这种类似的人才选拔、培养机制，是否有可以借鉴的地方？

补充问题：

在培养学生的过程中，您遇到了什么样的困难？如何解决的？

附录2 CDIO工程教育模式

高等工程教育领域内经历了技术范式、科学范式和工程范式三个阶段。在18世纪末、19世纪初期工业化和实用主义思潮的影响下，当时的工程教育是以培养工程师为目标，更加注重专业技能的训练。直到20世纪中期，在战争的影响下，美国逐渐意识到其所培养出来的工程人才普遍缺乏严谨的科学训练，难以在先进技术上取得重大的突破和创新，因此在教育中开始削减实用性课程，增加数学和科学基础知识的学习，采用培养科学家的方式来培养工程人才。近年来，工业界发现尽管工程专业的毕业生们拥有良好的科学训练基础，但与实践严重脱节，很难适应生产需要，因此强烈呼吁工程教育要重新回归工程本身，即在保证工程专业学生具有扎实理论基础的同时，还需要具备较强的实践能力。在第三次范式下，CDIO 教育模式被提出并成为了工程教育的典型代表（王硕旺，洪成文，2009；叶民，叶伟巍，2013）。

CDIO 工程教育模式主要包括四个核心部分：概念（或构思，conception 或 conceive）是指顾客需求分析，考虑技术、企业战略和规章制度，发展概念、技术和商业计划；设计（design）是指创造设计，考虑即将被执行的计划、图纸以及算法；实施（implement）是指将设计变为产品，包括制造、编码、测试和证实；运营（operate）是指通过产品传递价值，包括对系统的修订、演化和淘汰等（CDIO, 2019b）。

CDIO 工程教育模式提出了其独有的课程大纲，认为通过工程教育所培养出来的学生需要具备至少四方面的能力素质：学科知识与推理、个人职业技能和态度、团队合作和交流沟通的人际交往技能，以及能够在企业、社会和环境的背景中实现创新（CDIO, 2019a），每个维度下面又罗列了更为细致的要求（见表 2.3）。

现如今，CDIO 在工程教育领域已经得到广泛认可，被全球 100 多所相关院校所实施和采用（MIT_AeroAstro, 2015）。例如，CDIO 的起源地美国麻省理工学院航天航空学院（Department of Aeronautics and Astronautics）在其 2015 年的战略计划中提到，"我们将通过卓越的教育、研究和领导，使新颖有效的航空航天相关系统的概念、设计、实施和运营（CDIO）得以实现。我们将启发使下一代成为具有批判性思维的工程师，拥有深刻技术理解和广阔系统观的领导人和创新者"（MIT_AeroAstro, 2015）。

表 2.3　CDIO 工程教育模式的课程大纲

1. 学科知识与推理	2.1.2　建立模型
1.1　基础的数学和科学知识	2.1.3　估计和定性分析
1.1.1　数学（包括统计）	2.1.4　不确定性的分析
1.1.2　物理	2.1.5　解决方法和建议
1.1.3　化学	2.2　实验、探究和知识发现
1.1.4　生物	2.2.1　假设形成
1.2　核心的工程基础知识	2.2.2　检索印刷和电子文献
1.3　高级的工程基础知识、方法和工具	2.2.3　实验探究
2. 个人职业的技能和态度	2.2.4　验证假设和答辩
2.1　分析推理和解决问题	2.3　系统思维
2.1.1　问题识别和形成	2.3.1　整体思维

4.3.3 系统工程、建模和交互

4.3.4 项目开发管理

4.4 设计

4.4.1 设计过程

4.4.2 设计过程的阶段和方法

4.4.3 在设计中运用知识

4.4.4 学科设计

4.4.5 跨学科设计

4.4.6 可持续性、安全性、审美、可操作性和其他目标设计

4.5 实施

4.5.1 设计可持续实施的过程

4.5.2 硬件制造过程

4.5.3 软件实施过程

4.5.4 硬件软件集成

4.5.5 测试、证实、验证与认证

4.5.6 实施管理

4.6 运营

4.6.1 对可持续性和安全运营的设计和优化

4.6.2 培训和操作

4.6.3 支持系统的生命周期

4.6.4 系统的提升和演变

4.6.5 清理和退役问题

4.6.6 运营管理

4.7 工程领导力

4.7.1 识别议题、问题或矛盾

4.7.2 思维创造性和传达可能性

4.7.3 定义解决方案

4.7.4 创造新的解题概念

4.7.5 创建、领导和扩大组织

4.7.6 计划、管理项目直至完成

4.7.7 项目/解决方案的决断和批判性推理

4.7.8 发明：概念、设计、新产品和服务的引进

4.7.9 发明：开发新设备、材料或过程使新的产品和服务得以可能

4.7.10 实施和运营：创造和运营能够传递价值观的产品与服务

4.8 工程创业

4.8.1 公司的创办、成形、领导和组织

4.8.2 商业计划的开发

4.8.3 公司资本和财务

4.8.4 创新产品的市场营销

4.8.5 围绕新技术构思产品与服务

4.8.6 创新系统、网络、基础设施和服务

4.8.7 创建团队、实施 CDIO 工程过程

4.8.8 管理知识产权

第 3 章
钱学森班招生与培养过程十年探索

杨泽云[1]，林　云[1]，郭双双[1]，孙　沛[1]，郑泉水[2]，白峰杉[3]，徐芦平[4]

（1.清华大学社科学院，北京，100084；2.清华大学航空航天学院，北京，100084
3.清华大学理学院，北京，100084；4.清华大学微纳米力学中心，北京，100084）

2005 年钱学森先生在临终前的最后一次公开谈话中提出他对我国教育的敏锐洞察和深深忧虑——"今天我们办学，一定要有加州理工学院的那种科技创新精神，培养会动脑筋、具有非凡创造能力的人才。我回国这么多年，感到中国还没有一所这样的学校，都是些一般的，别人说过的才说，没说过的就不敢说，这样是培养不出顶尖帅才的"（钱学森，2010）。钱学森先生的谈话让国人开始深刻反思我们的教育问题到底出在哪里、该如何解决？为满足国家和社会发展对拔尖创新人才的迫切需要，2009 年清华大学推出了"清华学堂人才培养计划"，2010 年纳入国家教育体制改革试点项目"基础学科拔尖学生培养试验计划"（袁驷，张文雪，2014）。钱学森班作为"清华学堂人才培养计划"首批的四个项目之一，于 2009 年正式成立并开始招生。

钱学森班定位于工科基础实验班，致力于构建一个开放性的创新教育模式，以有利于学生成长为工程技术领域具有社会责任、专业伦理、人文关怀、领导力、国际视野和突出创新研究与发明能力的人才。十年来，钱学森班在招生和培养方面不断尝试探索，逐渐积累经验，走出了一条钱学森班自己的道路。

3.1　招生·识别"钱里马"：多维测评 = 优中选宜 ≠ 优中选优

钱学森班在成立之初就承担着回答"钱学森之问"、为国家培养创新型人才的重要使命。"什么样的学生更可以被培养成创新型的人才"便成了钱学森班在招生阶段必然会面临、也不得不去探索的问题。

3.1.1　反思传统招生，追问何为"优秀"

在我国，高考持续几十年来为高校筛选和输送学生，虽被诟病不断，但作为社会教育资源分配的一个公正公平、简单高效的秤杆，其地位不可撼动。为了在高考中取到好成绩，学生无论喜欢或者讨厌哪些科目，但凡高考涉及的科目都需要均衡发展，并争取让总分最大化。这在某种程度上禁锢了学生的学习热情。高考考察的是学生对考试范围内知识的掌握量和熟练程度，因此在高考指挥棒下形成的教育体系要求学生重复练习、少出错误。这磨灭了学生敢于试错的勇气。而上述这些都并非是最致命的。最致命的问题是高考的"重要性"让大多数中小学老师和家长不得不将学生培养成"急功近利者"：以高考中取得高分作为自己十几年来的奋斗目标，而无暇去考虑自己未来真正想做什么。在某种程度上来说，高考是一个将贴有高考成绩这个标签的学生和与之"门当户对"的大学、专业进行快速配对的"媒婆"，她无暇顾及学生和大学专业是否真正合适。成绩优秀的学生进入名牌大学的热门专业，大学和专业"看上"的是学生的高考成绩这一数字，学生则"看上了"大学和专业的"炙手可热"——虽然不知道好在哪里，但大家都说好。很多"优秀的学生"的"优秀之处"也是在于，十几年以来一直在努力做好"大家都说好"的事情。所以，通过高考这个筛子筛选出来的大多数学生在高考这一评价体系下可能是"优秀的"，但由于他们不知自己真正喜欢的事物、不敢试错、对知识缺少疯狂的热情、对国家和民族的发展缺少责任感和使命感，因此很难通过短短大学几年的培养，成长为具有多方面素质、勇于担当和敢于探索的综合型创新人才。

相对于高考的一些弊端，学科竞赛在学生对学科的喜爱、挑战难题的勇气和自主学习能力等方面能够进行一定程度的考量。但实质上学科竞赛所考察的范围和内容也是有界和已知的。除此之外，未来创新所需要的合作沟通能力、领导力、价值观、开放性等其他能力素质很难通过竞赛来测量和反映。

毫无疑问，通过高考的高分和学科竞赛的优异成绩进入全国顶尖大学的学生在智力、学习能力方面是出类拔萃的。但要成长为创新人才所需要的基础条件要远多出这些。如果选拔了一些"优秀"但不适合的学生并试图将其培养成创新型人才，一方面成效可能非常有限，对珍贵的教育资源没有进行充分合理的利用，耽误了国家未来人才储备的进程；另一方面对学生自身的成长也非常不利，甚至可能伤害学生的身心健康，阻碍其未来发展。因此，如何在这一群智力和学习能力上已经非常优秀的学生中识别出具有创新人才所需要的其他能力素质的"钱里马"（也就是钱学森班希望的"千里马"），是钱学森班招生的难点之所在。

解决该难点的第一步需要回答：什么是成长为创新型人才所需要具备的能力素质？钱学森班通过多年的实践，参考哈佛大学、加州理工学院等多所世界一流大学的招生标准，并向几所著名的招聘公司取经，最终总结出了可用于钱学森班招生和本科期间应该着重培养的五维素质模型（见图3.1）。五维素质模型包含成长为创新人才所需的5个核心素质，简称"MOGWL"：一是内生动力（motivation），主要是对科学发现或技术创新有着迷般的极强志趣和不断追求卓越的内在力量；二是开放性（openness），具体表现为有强烈的求知欲、好奇心，具有批判性思维和提出有意义问题的习惯，能从多角度看问题，有很好的观察力，有思维的深度等；三是坚毅力（grit），包括开始和改变的勇气，拥抱失败、屡败屡战，对目标锲而不舍的追求和专注、耐得住寂寞、坚持到底等；四是智慧（wisdom），不仅包括智商、学有余力，也综合了从他人、从失败、从实践中学习和领悟的能力；五是领导力（leadership），主要包括远见卓识、正能量价值观、奉献精神、表达能力、动员追随者、整合资源的能力、团队合作能力等（郑泉水，2018a）。五维素质模型的建立，让钱学森班的招生标准更加明确化和统一化。围绕此模型，招生方式的探索也更加有据可依。

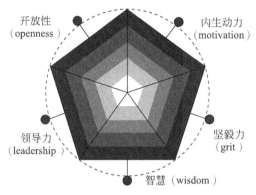

图 3.1 清华大学钱学森班的五维素质测评体系（MOGWL）

3.1.2 多途径招生，多维度测评

从成立之初至今的十年间，钱学森班在招生选拔方面做出了很多尝试和改进。2009 年到 2012 年，钱学森班主要通过"高考+面试"、二次招生两种途径选拔学生。这个阶段，招生相对还是比较看重、但并非只看重考试成绩：第一个途径是各省高考理工类前十名具有申请进入钱学森班的资格，之后还需要参加面试最终决定是否进入钱学森班；第二个途径是进入清华大学的理工类新生在刚入学时可以申请转入钱学森班，通过综合考试，如果排名靠前则可转入。综合考试的形式也在逐年优化，从简单的"笔试+面试"，逐步增加了更多实践测试环节，更加注重学生的综合能力和心理素质。从 2013 年开始，增加了"学科竞赛金奖+面试"这一新的途径，为在某一学科上有特长的学生增加了进入钱学森班的机会和概率。此外，在大一和大二阶段，对钱学森班的培养理念认同并表现优异的学生可以申请转入，主要的考核方式为面试，面试合格者可以进入钱学森班。最后这种方式隶属于校内专业调整，每年会有 2～5 位同学转入或转出，不是钱学森班招生选拔的主流途径。

2013 年以后，钱学森班招生途径的探索中非常重要的一个尝试是挑战营。挑战营是在学期末从全国各个高中申请报名的几千名高二、高三的学生中选出几十位优秀的同学，邀请他们来清华大学参加钱学森班举办的各种讲座、动手实践、参观实验室等丰富多彩的活动。在这个过程中让学生提前了解钱学森班，同时招生组的老师也可以提前了解学生，通过这期间学生的表现对他们进行多维测评，从中选出合适的学生，给他们一定的高考加分。挑战营的考核方式也在逐年立体化和全面化，通过不同的方式，让学生置身各种的情景中来测量他们的"五维素质"。2013 年举办第一届挑战营，尝试设置了一些动手环节、心理测试以及面试，最终选出了 13 名学生，并和其他途径招收的 17 名学生一起组成了 2013 级的钱学森班。在后来的培养中，钱学森班的老师们发现，学生在平时学习中表现出来的一些品质和挑战营的测试结果契合度惊人地高。并且这个班级非常有活力，本科期间全班发表论文达 31 篇，申请专利 6 项，囊括了清华大学和北京市几乎所有的集体荣誉，获得国家级及其以上奖励 23 项，毕业前全班有 5 位同学拿到了麻省理工学院（MIT）的 offer，在历届班级中表现突出。不过，挑战营的投入要求非常之大，前期需要邀请几十位专家对全国报名的几千名高中学生进行资料审核，选出各方面都相对比较优秀的 30 ~ 60 名的学生。而几天的挑战营中各种活动、资料的准备以及最终的面试同样需要大量的人力物力。2014 年至 2016 年，由于一些因素受限没有举办挑战营，只通过高考、竞赛及二次招生这些维度比较单一的方式进行了选拔。这几级学生的培养模式虽和 2013 级基本类似，但培养成效并不显著。这样的差异坚定了钱学森班对多维测评招生方式的决心。2018 年第三届挑战营（从 2017 年开始挑战营改名为"工科营"，为保持统一，此处沿用"挑战营"。）从全国 2000 多名申请学生中选拔邀请 60 名学生参与，着重加强了面试环节。该环节邀请了各学科资深教授和杰出校友作为面试官对每位学生进行 45 分钟的面试，通过与学生的谈话讨论来考核他们的思维方式、心理状态、能力素质等，试图进一步全方位、立体化了解和选拔学生。

十年来，钱学森班不断调整招生理念。通过多年的培养发现："学生们四年的成长优劣，与学生进清华时的高考或者竞赛成绩关联度不很大，而与他们的创新素养和潜质关联度很大"（郑泉水，2018a）。例如通过二次招生进入钱学森班的 A 同学，虽然在二次招生时险些"落榜"，但由于该同学有非常强的内生动力，很明确自己要做什么，向招生组老师再三请求进入钱学森班。进入之后，该同学在学习科研上进步飞快，至今一直在自己喜欢的领域持续努力探索。整体来看，由于钱学森班不断增加招生途径，因此学生的考试成绩在考核中的占比也越来越少，招生的选择范围也因此而变大，可以尽量增加每一个"钱里马"进入钱学森班的概率。2018 年的二次招生，基本取消了对学科基础知识的卷面考核，转而更加重视学生的心理能力素质。这样大胆的尝试背后支持的一个理念是：能进入清华的学生学习能力都是优秀和突出的，在此基础之上尽量不遗漏任何一位符合五维素质模型的学生。钱学森班欢迎有明确目标或主动探索目标，并且愿意自主学习的学生，他们会更加适合钱学森班的培养模式。这类学生在受到老师指点之后自己会投入很多精力和时间去做，遇到困难再来和老师讨论，让老师知道怎么样更有效、更有针对性地帮助他们，他们的成长速度也会更快。招生方式从刚开始的单一路径到如今多阶段多途径（见表 3.1），考核标准从以成绩为主兼顾综合能力到现在降低成绩要求全面考核综合素质，钱学森班不愿任何一位有潜力的学生因为细微的学科成绩差距而被挡在门外，并一直探索多种途径多维度评估来识别合适的、怀揣远大理想的学生。

3.1.3 扩大涵盖范围，自由进出，双向选择

近年来，钱学森班一直努力尝试建立灵活的流动机制，给学生充分的自由。虽然钱学森班一直在努力完善招生方式，试图选出合适的学生，但这也并非万无一失。因为钱学森班和其他院系在培养模式和课程设计上有非常大的不同，要求一般比较高，因此难免会有学生适应不良，自信心受挫。另一方面，有些同学可能在学习过程中发现自己真正喜欢的

是其他方向，在钱学森班或许不能得到最大程度的资源支持。这两类学生如果去了合适他们的院系班级可能也会是非常拔尖的学生，会有很好的发展。为了避免这种学生和培养模式不匹配给学生带来的危害，钱学森班建立了非常灵活的流动机制：如果学生在一年级和二年级的学习培养过程中，发现有更适合自己成长的专业或院系，可以提出转专业申请，只要对方院系同意接收即可转出。钱学森班的老师甚至可以帮助想要转出的同学联系目标院系。需要说明的是，这里的"流出"和传统意义上的"淘汰"是不同的。钱学森班的招生总体的理念就是"优中选宜"而非"优中选优"，所以流出的学生并非不优秀而是不合适。目前来看，从钱学森班流动出去的几位同学转入其他院系之后如鱼得水，后来发展也非常好。

为了扩大培养范围，给更多认同钱学森班培养理念的同学一起进步的机会，从2018年开始，钱学森班建立了"钱班+"的模式，即在航天航空学院范围内，有意向进入钱学森班或者认同其培养理念的学生，均可以进入"钱班+"，参加钱学森班的活动、课程、项目等。这一方面用钱学森班的理念和资源去影响了更大范围的学生，也为学生的流动创造了一个缓冲区，给了学生更大的自由。

表 3.1 清华大学钱学森班十年招生方式变化

年份	是否高考	学科竞赛	二次招生	转专业	挑战赛
2009	√		√	√	
2010	√		√	√	
2011	√		√	√	
2012	√		√	√	
2013	√		√	√	√
2014	√	√	√	√	
2015	√	√	√	√	
2016	√	√	√	√	
2017	√	√	√	√	√
2018	√	√	√	√	√

传统观念里，高校一些特殊班的大门只为那些"优生中的优生"敞开。这样的选拔方式不过是将高考这个筛子的筛孔变小而已。钱学森班彻底革新了传统的招生理念和方式，通过多年的教学培养实践和经验借鉴总结出创新人才的核心素质和特点，并以此为据尝试探索多种招生途径、优化招生方式，力求从优秀的学生中选拔那些真正适合钱学森班培养模式和培养目标的"钱里马"，为国家培养创新型人才。这种魄力和举措颠覆了多年来我国中小学一切为高考服务的教育教学理念和方式，引起国人对于传统教育的反思。最近，钱学森班已经开始和一些中学接触，力图推行这种新的招生理念。"星星之火可以燎原"，希

望钱学森班这种新的招生理念可以影响中学的教育，让学生的创造力素质能够在更早的发展时期得到保护和引导。

3.2 培养·搭建"钱才梯"：CRC 体系——通过研究学习，找到热情所在

中国大学本科阶段培养理念，一般是以课程教育为主体，实践活动和素养培育为辅助。在该理念引导下，进入大学的学生依然没有走出"以分数马首是瞻"的思维框架，大部分"好学生"会努力修学分，将主要精力花在争取高 GPA（学分绩）上。在一直以来"成绩至上"的高考制度下培养起来的学生、家长，甚至很多老师看来，这样的思路是没有问题的：拿到高的 GPA，在国内可以获得研究生推免资格、得到"大牛"教授的青睐，出国可以申请到国外好的大学、进入好的实验室，得到更好的资源和平台之后便可以"成才"了。可是多年来的教育实践表明，就是这样的"成才之道"上却很少走出大师，无法回答 2005年钱学森先生提出的让国人振聋发聩的"钱学森之问"。钱学森班在反思这种培养模式的基础之上，摸索出了一套全新的培养模式，即 CRC（course + research + community）。

3.2.1 核心理念：帮助每位学生找到自己想要做的东西

钱学森班作为探索回答"钱学森之问"的一个实践项目，从一开始就将关注点放在了学生这个主体本身。中国大多数的大学生很容易被分成两类："好学生"，上课认真听讲，考试拿高分，顺利保研或出国；"坏学生"，心思不在学习上，考试挂科，马马虎虎毕业甚至延期毕业。前者如上述所说惯性地追求分数，后者原本最大的目标就是"考上大学"，进入大学后目标达成，从此浑浑噩噩。但无论"好学生"还是"坏学生"都有一个共同点，那就是迷茫，不知道自己喜欢什么、未来到底要做什么。著名投资人沃伦·巴菲特认为"孩子的世界应该由他自己去探索、去认识、去打造"（张志英，2012），而父母则应该给孩子充足的空间让他们去寻找自己的热情所在，如若施加压力则往往适得其反。在整个高考制度单一评价体系的指引下，家庭教育要做到这一点成本和风险都是巨大的。那么在大学阶段，如何能够最大程度地去弥补应试教育对"创新苗子"的"伤害"，并给予他们合适、充足的阳光雨露空气和自由空间，让他重新焕发出活力，日后长成参天大树呢？既然进入大学之前，家庭和学校教育没有能够帮助学生找到"热情所在"，钱学森班建立之初所提出的核心理念就是"帮助每位学生找到自己想要做的东西"。

清朝郑观应在《盛世危言》中提到"别类分门；因材施教"。"因材施教"的理念早在孔子的教育思想中就有所体现。但第二次工业革命之后，工业社会的模式不断扩张和发展，很多事物都逐渐走向高度的标准化和统一化，学校对学生的培养也无法例外。标准化的教育模式提高了教学效率，有利于更多的普通人享受教育资源；但另一方面，由于过于追求统一化忽视个性化，学校似乎变成了一个批量化生产学生的工厂。不过，随着信息时代的全面到来，工业社会所形成的学校组织优势正在退化，相反劣势在新的时代背景下却越来

越凸显，尤其是标准统一、组织固化、运行机械以及在创新能力培养上的缺陷更是让学校饱受质疑（曹培杰，2018）。前述提到，由于前面十几年的教育并没有帮助学生找到其热情所在，因此中国学生在考大学报志愿的时候有非常大的盲目性。这样招收进来的学生再被放入高度统一化的培养工厂中，是被培育还是被扼杀不得而知，但情况应该不容乐观。钱学森班建立之初就意识到每位学生的天赋是不一样的，为了学生未来走得更好更远，应该顺着学生的天赋去引导和培养，寻找各种资源来帮助他们，而不能"煮大锅饭"。

对于学生的"热情所在"，他们自己应该是最了解自己的，没有人能代替他去寻找。但是只凭借学生自己的努力，又很难找到。因此需要老师去引导、帮助他们打破之前的一些框架，通过合适的方法重新建立新的框架，寻找自己想做的事情。让学生找到自己热情所在，并且培养他们做这些事情的能力，他们才有可能走得更远。因此可以说，钱学森班提出的"帮助每位学生找到自己想要做的东西"这一核心理念，切切实实地结合了中国教育现状以及学生发展特点，切中时弊而掷地有声。

3.2.2 实现途径：CRC——以通过研究学习为牵引

古语用"博学多闻""学富五车""才高八斗"等词来形容一个人学问好，多是描述一个人所拥有的知识数量多。在那个时代，由于知识获取途径和手段的局限，知识被特定的阶级和人群所垄断，因此知识的数量就显得至关重要。但随着计算机、网络等信息技术的发展，全球迅速进入信息大爆炸的时代。就学术期刊论文的发表来说，据国际科学技术和医学出版商协会（International Association of Scientific, Technical and Medical Publishers）统计，2018 年全球活跃的英文学术期刊达 33100 种，非英文学术期刊 9400 种，2017 年到 2018 年一年的发表总数超过 300000 篇（Johnson, Watkinson, Mabe, 2018）。同时知识的获取也更加便利，网络的信息储存量和交流速度几乎让每个人随时随地都可以迅速查找到需要的信息。在这样的时代发展背景下，学生的培养不但要注重他们的知识广度，更要重视其知识的深度，也就是将知识内化、能够融会贯通的程度和能力。在"帮助每位学生找到自己想做的东西"这一核心理念和对当今时代发展的准确把握的基础之上，钱学森班在不断探索，并初步形成了自己独有的育才模式。

C（Course）："精"而"深"的课程设置，帮学生构建扎实的"T"形知识结构

小班授课，增强师生互动 钱学森班从 2009 年建立之初就开始尝试小班授课，给这些成绩非常优异的钱学森班学生单独"开小灶"。根据小班学生的学习程度来调整课程的难度、广度和深度。小班授课的特点不仅在于学生规模小，而且授课老师、所开课程均与传统授课有所不同。比如钱学森班为大一学生开设的一门叫做"力学与现代工程前沿"的课程，会邀请清华大学工科领域和力学领域非常知名的教授进入课堂向学生从不同的视角介绍"力学是什么"，帮助学生全面系统了解自己的学科。小班授课的目的是为了增加老师和学生之间的互动，让老师的教学更加贴合学生的天赋和特点，并充分激发学生的学习热情。小班授课的教师来自不同的院系，为定位于工科基础、强调学科交叉的钱学森班及其学生开启多通道发展可能。钱学森班对各位授课老师有一个"奇怪的期望"：一学期的授课之后，最好能让几个学生愿意转专业到该授课老师的所在院系。这"奇怪的期望"背后的逻辑是：如果真的有学生愿意转到某授课老师所在院系去，说明这门课让学生真正地喜欢上了这一方向。这足以看出钱学森班践行其"帮助每位学生找到自己想要做的东西"这一核心理念的坚定决心和博大胸襟。

精简课程，构建钱学森班独特的课程体系　学分要求低是钱学森班课程体系的另外一个特点。走进大学的"好学生"，面对大学丰富的资源，免不了会"胃口大开"：上很多课、修很多学分。但由于一些课程的标准化作业，没有考虑到班里每位同学水平的差异，或者教师和学生时间精力投入有限等原因，使得很多课程成了学生眼里的"水课"。学生通过这样的学习，得到的更多的只是知识的简单堆砌，而很难融会贯通，更谈不上能力的培养和人格的塑造。鉴于此，钱学森班一直在探索构建精简的课程体系，减少课程、减少学分要求，让学生把精力用在真正能够提高自我的事情上面。经过长期的尝试和调整，钱学森班从 2016 年开始将培养方案中的总学分要求降低到 148，课程设置分为三个层构（见图 3.2）：荣誉挑战性课组（70 学分）、基本结构性课组（＞50 学分）和全校普遍性课组（如思政、体育、英语等，共 28 学分）；其中荣誉挑战性课组从第 1 学期到第 6 学期、每学期设置 3 门，共 18 门核心课程，主要涉及数学、自然科学类、工科基础类、专业和研究类、人文类、综合类六个系列的课程（郑泉水，2018b；郑泉水，白峰杉，苏芃，徐芦平，陈常青，2016）。

列入课程体系中每一门课程对于学生的思维培养都是必要的。例如被列入核心（属于荣誉挑战性课组）课程的数学课有 3 门必修课，分别是微积分、代数、概率统计，而这三门课程分别对应连续性思维、离散性思维、不确定性思维的训练。又如力学类课程有 3 门是必修的，分别是理论力学、固体力学和流体力学。这 3 门课各有特点：理论力学主要讨论刚体，涉及没有变形但有运动的物理现象；固体力学，讨论小变形、无运动的力学现象；流体力学则研究大变形、有运动的力学现象。可以看到被列入核心课程的科目都是钱学森班的资深教授经过精挑细选的，通过这些课程不但要让学生增加这方面的知识，更要培养他们的多种思维方式。核心课及其他课程的选择余地较大，学生可以根据自己的爱好和逐渐清晰的方向来具体选择适合自己的课程。精简却不失全面，在培养学生必要思维方式的同时，给了学生充分的自由空间去学习自己喜欢的东西。

图 3.2　清华大学本科荣誉学位（试点）培养体系（总学分要求≥148）

钱学森班课程的另一个特点是具有挑战性，这非常符合教育家维果茨基提出的"最近发展区"的理论。该理论最初是针对儿童发展水平提出的，后被逐渐应用到其他阶段的教育中。个体发展存在两个水平：实际发展水平和潜在发展水平，实际发展水平是独立解决问题的现有水平，潜在发展水平在成人指导下或更有能力的同伴帮助下解决问题的水平，这两种水平之间存在着本质的区别，两者的距离便构成了每个人的最近发展区（王颖，2013）。该理论强调教学难度应该高于实际发展水平，课程设置要为学生提供带有难度的、学生通过非常大的努力之后能够达到的内容和任务，这样能够调动学生的积极性，挖掘他们的潜力，帮助他们更有效地成长。例如让钱学森班历届学生都记忆犹新的张雄老师的有限元法基础课就是这类课程的典范。张雄老师从2009年开始担任钱学森班有限元法基础这门课的任课老师，从2010年开始这门课就成为清华大学第一批四门荣誉挑战性示范课之一。张雄老师要求学生组成一个个小组，通过编写程序合作完成一个有限元的软件，并用该软件设计、分析一个桥梁，最后在全班进行比赛，竞选出设计最经济、最适用的小组。之所以要让学生做这样的训练，是因为很多学生虽然之前学习了很多诸如数学、计算机、力学等理论的课程，但是遇到实际中非常简单的相关问题还是不知所措、无法解决。因此张雄老师设计的课程任务涉及学生之前学习过的大部分理论知识，引导他们将之前学习过的知识综合起来生成软件和算法，尝试解决之前无法解决的问题。由于学生刚开始对这些内容比较陌生，很难相信自己能够完成难度如此大的任务。完成这一任务需要学生课下投入至少课堂3倍以上的时间，很多学生回忆"基本上那一学期时间都用在这门课上了"。甚至还会出现全班学生都跑去张雄老师的办公室调程序，以至于集体忘记时间，没有按时到达在下一节课的教室这种事情。但课程结束之后学生们普遍反映：觉得自己的努力和付出非常值得。学生从什么都不会到最后做出一个能解决很复杂问题的程序，并且发现原来很难的事情自己通过努力也可以做到。通过一个需要花费大半学期时间的小组作业，不但让学生掌握了实实在在的知识，同时增强了他们的自信心和学习积极性。除了对知识难度和深度上进行拔高之外，张雄老师在课堂上还会帮助学生拓展知识的广度。虽然是有限元法基础课，除了有限元法之外，张雄老师还会讲授计算力学的其他方法，如无网格、分子动力学等，以及用这些方法所做的最新研究问题。当然这样要求高投入的课程对于其他院系普通班的同学来说是不容易的，因为一般院系要求的学分太多，学生很难保证在一门课上投入大量的课外时间。而钱学森班力求降低学分要求的原因就在于此，允许学生有时间对自己感兴趣的知识进行深度学习，大量投入。

核心课程中的人文类和综合类课程是钱学森班课程体系中的又一个亮点。众所周知，钱学森先生不仅在科学领域做出了瞩目的成绩，在音乐、绘画、摄影等方面都有所建树，涉猎范围广泛。钱学森先生曾对温家宝总理提起父亲对自己的教育，说道："他让我学理科，同时又送我去学绘画和音乐，就是把科学和文化艺术结合起来"，他认为"艺术的修养对我后来的科学工作很重要，它开拓科学创新思维"（李斌，2005）。无疑，钱学森先生的父亲钱均夫先生的教育理念即便放在现在来说都是非常超前的。钱学森班践行钱学森先生推行的这一教育理念，为钱学森班的学生开设要求比较高的文科类课程。实际上，这一举措在一开始受到了很多质疑，但钱学森班核心组坚持认为：一个人只有专业走不了太远，一个国家的精英只有专业承担不了历史使命。从一开始，钱学森班人文类和综合类课程的定位就是对学生思想上的指导性教育。人文类课程，作为专业之外的知识补充要求很高，几乎和人文类专业课的难度持平。综合类课程更多的是帮助学生拓宽知识视野、训练科学思维、提高学术品位。例如从 2014 年开设的一门叫做"学术之道"的课程，邀请清华大学六个学堂班的 6 位首席教授轮流为学生授课，分享自己的人生经历，主要是学术历程。学生不仅要听，还有写读讲的任务。必读书目之一的《科学革命的结构》是一本科学哲学书，对于学生从整体上深度理解科学的本质、发展等很有帮助。当然这也是一本非常难懂的书，本科的学生读起来可能会非常费力。但是钱学森班认为重要的、经典的东西，读不懂也要读，而且要反复阅读、趁早阅读。读书本，汲取思想精华；听大师，感受学术人生。通过对书本上大师思想和身边大师经历的思考，让学生去体会如何思考、如何取舍、如何行动，能够做出有价值有意义的事情。另一门综合类课程"数学、科学与哲学的沉思"是由三位专业背景不同的老师同时授课的"多师课堂"。三位老师会对同一个问题从不同的角度进行解析、讨论甚至争论，给学生一种有差异的、立体的看待和思考问题的视角与方式。同时也会要求学生围绕某一主题进行讲解和讨论，训练学生多角度、宽视野看待问题的思维方式。这些看似和工科无关的课程，可以让学生了解其他领域的知识、思维模式，并与之进行思想上的碰撞。这样的远距离、跨界的思维连接在很多已有创新例子中是非常常见的。钱学森班常常用椭圆来阐述这一问题（见图 3.3），其中椭圆内表示人类已知的知识，椭圆外代表未知。不同的学科领域由于其发展和积累不同，要到达椭圆的边界，也就是创新难度不同：A 领域就明显难于 B 领域（见图 3.3（a））。但是如果拿 A 领域的知识积累来解决 B 领域的未知问题，创新就变得容易多了（见图 3.3（b））。即用长线上的积累去做短线上的突破，甚至通过两者的碰撞去创造一个全新的领域，这就是跨界的创新。钱学森班希望培养学生的这种跨界思维，这种跨界不仅仅是力学到生物、生物到材料，还有可能是音乐到力学、文学到生物这种大类别之间的跨越。

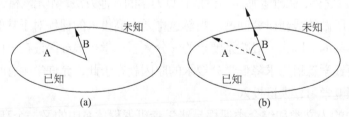

图 3.3 钱学森班的"创新椭圆"

人文素质课从短期看来可能"没什么用"，但是长远地对学生的熏染和培养，实则是帮助他们逐渐拥有一双能够高瞻远瞩的眼睛，使得他们从空间尺度上看得更全面、从时间尺度上能看得更久远。学生们拥有了这双眼睛，再加上专业训练长出的有力翅膀，高飞远翔指日可待。

钱学森班以 18 门核心课程为骨架设立荣誉学位培养体系，引导学生打下扎实的数理基础，培养学生学习的主动性、批判性和辩证、全方位的思维方式，帮助学生做到对知识融会贯通，对自我的认识更加清晰和自信，对事物的分析判断更加全面和独到。

R（Research）：阶梯式通过研究学习，层层递进渐入佳境

传统的大学培养模式以教为主，但钱学森班的培养模式是以教为辅的。钱学森班认为，教会不一定等于学会：教会中缺少思考、反思和提升，可能只是记住了；但学会要理解并内化，将知识重新构建成为自己的知识体系。钱学森班的教育理念里老师应该是陪跑者，学生应该主动去跑，自己去体验知识、内化知识。

通过研究学习（learning through research）强调在对已知"再发现"的基础上对未知进行探索，同时根据对未知研究的需要，对已知进行"再发掘"。对已知的"再发现"，是对已知学习的挑战和拔高，在对未知进行研究时也有底气和自信，是一种面向未来的深度学习方法；对未知的研究，引导自主的深度学习，可帮助形成自主构建的、系统性的知识体系。

首先，通过研究学习不同于传统的学习，学习的手段不是课程而是"研究"。因为课程是有限的、统一化的，无法满足不同学生的不同需求；但是研究是没有边界的、个性化的，学生可以做任何自己感兴趣的研究，每个学生的长板和短板都在研究中能够得到一定程度的锻炼。比如 N 学生的合作能力比较弱，M 学生的表达能力不强，但这两者都是作为一个研究者所必备的，因此 N 和 M 同学在研究的过程中都会尽量去学习和弥补自己的短板。但同时，它也不同于一般意义上的研究，其核心目的还是"学习"，并不是要求本科生真的去攻克一个很难的科学难题，而是让他们在一个研究的环境里学习研究所需要的基础知识、方法、思维和素质。从 2014 年开始，钱学森班全面推行从大一到大四的阶梯式推进的培养模式——通过研究学习，主要包括三个部分：低阶——"大学生研究训练计划"SRT（Student Research Training）、中阶——"开放创新挑战研究"ORIC（open research innovation challenge）和高阶——"高年级学生研究员计划"SURF（senior undergraduate research fellowship）（以下分别简称为"SRT""ORIC""SURF"）。通过研究学习是为了让学生亲身体验研究的全过程，学生自己去寻找问题、发现问题、解决问题，这样学习到的知识才会是学生自己的。

低阶 SRT：小荷才露尖尖角 钱学森班老师在培养学生的过程中逐渐发现，如果从来没有做过研究的学生在做研究的前期进展非常缓慢。因为学习和研究的思维有所不同，从学习到研究需要很长的时间去转换思维，这是一个化蛹成蝶的过程。SRT 项目是清华大学于 1996 年在国内率先开始的本科生科研项目，旨在培养本科生的科研创新能力。与其他院系班级不同，钱学森班抓住学校这一资源，要求所有钱学森班学生在大一大二都要积极参加 SRT，最好能多参加几个，通过相对应的学分要求督促学生将 SRT 项目扎实进行。学生在一两个 SRT 项目中长时间地被熏染，不断开拓视野、增加知识能力，逐渐就会有所领悟，形成做研究的思维，找到做研究的感觉，同时也寻找到自己所喜爱的研究方向。

中阶 ORIC：钱家有子初长成 用不同的学习方法，学生知识掌握的程度是不同的。

钱学森班在借鉴外国的教学经验和在自己教学中发现：通过"老师教授、学生学习"这样的模式，学生只能够吸收老师所教内容的很少一部分；老师根据学生的提问来教授，学生可以学到知识更多一些；而如果让学生自己去做研究，根据研究的需要去查找和学习，那么他们学习的知识就会更加系统和深入。钱学森班的老师注意到，国内顶尖大学的优秀学生无论是从学习成绩、专业知识、个人能力等各方面都非常出色，但是和国外的学生相比，明显缺少自主钻研的劲头和突破性的想法。能提出好的问题，并且自己去钻研的学生偶尔也有，但并不多见。2013 年大四的一位 Y 同学在自己做实验的过程中偶然发现了一个有趣的现象：实验材料产生的泡泡几天都没有破。在钱学森班老师的鼓励和支持下，他逐渐放弃了之前的研究课题，全身心投入"泡泡问题"的研究，最终得到非常好的研究成果，引起了很大反响。这件事情让钱学森班开始思考：如何让 Y 同学这样的学生越来越多？这背后有什么样的机制和要素？后来他们意识到，创新是没有办法通过硬性的要求来产生的，只能创造一种有利于创新的环境，让好的想法、好的学生自己成长出来。而利于创新的环境应该有充足的资源和一定程度的自由空间，让学生在创新的时候没有负担，不必担心研究失败所带来的后果。因此，钱学森班从 2013 年底开始萌发创立 ORIC 项目的想法，并于 2014 春季学期进行试点：选择两名大二的学生，让他们选择自己喜欢的题目，同意他们少上一些课程，给他们一部分经费可以自由支配，像一个项目负责人那样负责课题的所有事情。一个学期之后，两位学生成长很快，这给了钱学森班极大的信心。很快从 2014 年秋季学期开始全面推行 ORIC，让大三的学生通过前两年的学习积淀，自己主动地去提出研究问题、选择合适的研究方法、寻找匹配的老师和需要的资源，独自从立项开始到结题答辩进行一年的开放式自主创新研究。让学生切实体会自己作为一个独立的研究负责人完成一个研究项目的全部过程，系统学习从事研究的规范、技巧，真正进入研究的状态。老师一般只会在立项和结题阶段，对学生选题的原创性、研究方法的可行性、整个研究过程的学术规范和伦理等进行指导和评价。ORIC 对学生来说是一个从量变到质变的自我角色的转变：从被动的、跟随的学习者角色转向主动的、引导的研究者角色。这一过程锻炼的不仅是学生独特的想法、执行力、独立能力，还有整合资源、与人沟通等作为一个研究者所应具备的多方面能力素质。另一方面，学生通过 ORIC 对于做科研会有一个整体的感受和了解，对自己适不适合、未来是否继续从事科研也会有一个初步的判断。

高阶 SURF：玉瓷之石，金刚试之　　钱学森班的长期培养目标为回答"钱学森之问"、培养顶级大师。但是短期来看，从钱学森班走出的学生，离大师还有很长一段路要走。为了让学生对未来的学业、职业有更加清晰的规划，钱学森班开始了 SURF 项目，即大四的学生可以在第 7 个学期申请去国内外一流的学术机构或者企业进行 6 个月的带薪实习，真枪实弹地去做研究或者工作。通过这个项目，学生能够提前熟悉自己未来可能进入的阶段，进一步探索自己真正适合的道路，同时研究能力和学术水平也再次得到了提高。另一方面，对钱学森班来说，要想知道通过几年作为"大师苗子"培养出来的学生是否真的有成为大师的潜力和素质，SURF 项目中学生所在实习单位的反馈便是途径之一。从目前来看，近几年的反馈都非常好，国外很多实验室普遍反映钱学森班的学生在理解课题、提出想法、设计实验等环节表现出色，尤其是在交叉学科领域研究课题上。而学生自己也通过 SURF，在国外的实验室感受到了自己在科研训练方面与其他学生相比所显示出的优势。因此，SURF 项目可以说是钱学森班与学生下一阶段去向之间的一个黏合剂，也是检验钱学森班培养成效的第一块试金石。

通过研究学习这一学习模式虽然在钱学森班取得了令人满意的效果，但是在推行之初并非受到所有学生的理解和欢迎。尽管通过招生筛选已经将许多"以成绩马首是瞻"的学生挡在钱学森班的门外，但是由于大多数优秀的学生一直以来的优秀都是成绩带给他们的，因此十几年以成绩优秀为导向的教育培养出的学生几乎没人不把 GPA 放在心上。然而现在要花大量的时间去做研究，必然占用课程学习的时间，对学生提高 GPA 有很大风险。为了转变学生的这种想法，钱学森班一方面将通过研究学习三阶段的内容划入培养方案，有一定的学分要求，另一方面弱化对成绩的重视程度，引导学生把目光放得更长远。随着近几年几届学生的毕业，这一培养模式的效果和优势更加显性地表现出来。例如目前已经毕业的 H 同学，在前几年的学习中表现并不是特别突出，成绩排名位于班级中等偏后。他跟随钱学森班的培养节奏，逐渐找到自己感兴趣的方向，并在 SURF 阶段在世界顶级期刊上发表了论文，最终进入国际一流的实验室进行深造。因此，不但钱学森班对"通过研究学习"这一培养模式的信心越来越足，学生、家长对其接受度也随之增加。

"通过研究学习"之所以强调"研究"这一手段，是因为通过该手段，学生更容易内化知识、构建自己独有的知识体系，学习的效果更好。在研究这一环境里，学生学习到了如何去寻找研究方向、提出研究问题、寻找合适的老师、整合资源、确定研究思路、解决研究中遇到的问题、和他人合作、表达研究成果等各个环节的具体方法，同时也增强了他们将自己的想法变成现实的勇气和信心。这些东西不是课本上的理论知识，而是他们通过在研究中探索实践自己摸索出的、实实在在学到的东西。在这个过程中学习到的能力素质是学生日后成为科学技术创新领域的领军式人才的基础。

通过几年的实践，钱学森班总结出通过研究学习四个方面的突出优势。第一，通过深度学习，学生可以找到自己真正的喜爱和发展方向。相对来说，本科阶段学生做研究的思想负担比较少，敢于尝试和挑战。而通过研究学习所要求的深度学习，对于没有强制性学术压力的本科生来说，也只有学习自己真正喜欢的东西才更有可能支撑着他们坚持下去。因此通过这个过程的历练，学生更容易找到自己真正的热情所在。第二，构建每位学生独有的知识结构。每位学生的天赋不同、兴趣各异，在选择研究课题时会各有偏爱。根据所研究的课题需要投入大量精力进行学习，构建出来的知识结构是私人定制的，同时也很可能是超越老师的。第三，找到适合的导师和更好的发展平台。一方面，通过三个阶段的研究学习，学生不管是内在的研究素养，还是外在的研究成果都得到了一定程度的积累，在下一阶段竞争中的优势是不言而喻的。另一方面，尤其是 SURF 阶段学生在自己喜欢的实验室或者企业进行 6 个月的工作实习，通过实际的接触和工作，将自己提前介绍给对方，让自己和对方都能对彼此有较为深入的了解。第四，为重大机遇提前做好准备。自古英雄出少年，尤其是在自然科学领域。本科相对来说是一个无忧无虑、思维活跃、勇往直前的阶段，学生有丰富的想象力和自己独特的观察视角与想法。给这个阶段的本科生提供丰富的研究机会，让他们趁着青春最好的年华抓紧时间锤炼自己的能力素质，可以为未来抓住重大机遇提前做好充分的准备。

C（Community）：建立朋辈学习生态，多方资源支持、培养综合素质

不仅在课程和科研实践上，钱学森班力图帮助学生建立学习小组和社区，让学生能够在平时生活中不断积累经验、随时找到资源。钱学森班的学习社区是多层次、全方位的，对学生进行多方资源支持和全面素质培养。

首先，钱学森班的学习社区渗透在培养的各个环节。以课程为载体的小班就是一个社区，很多的课程作业都以小组为单位进行，促使学生相互交流、相互学习。通过研究学习为学习社区的搭建也提供了平台，低年级的学生可能会加入高年级学长的研究课题中去学习，或者高年级学生为课题相近的低年级学生提供建议、指导，而学生也不断地被鼓励去主动地寻找外部的资源、和其他实验室进行交流，从而形成更具多样性的学习社区。同时，钱学森班举办活动，创造同学之间交流的机会。例如，举办跨年级交流活动，让高年级同学和学弟学妹分享自己的经历，低年级同学向学长学姐提问取经；进行就某一学科的交流会，邀请"学神"帮忙梳理这一学科的思路重点，交流答疑；创立"ORIC 俱乐部"，配合ORIC 进行的同时，让学生对近期科技话题进行深入探讨，增加思维之间的碰撞。

其次，钱学森班的老师是整个学习社区构建的坚实地基。钱学森班聚集了一大批志同道合的国内外老师，他们对帮助学生成长和成才有极大的热情，在学生选拔培养上愿意投入大量的时间和精力，愿意引导和陪伴学生成长。此外，钱学森班首席教授牵头组建的、由十几位各领域的资深专家教授组成的核心工作组，负责整个钱学森班整体设计、日常执行、专业课程、人文素质课程、科研实践等各部分的工作。他们给学生在课业、科研等方面进行指导的同时，也将学生的反馈再次纳入工作的反思和调整中。将钱学森班的设计、发展与学生需求进行对接，让培养模式更适合学生、让学生更了解培养理念。核心工作组的老师和学生一起构成了一个社区，学生在学习科研上的具体学术问题、培养设置问题等都可以随时和核心工作组的老师进行沟通交流，从而寻找、调整资源。不但如此，学生在不同阶段：新生入学、SRT、ORIC、SURF、毕业设计，都可以自由挑选自己认为合适的导师，在迷茫、遇到困难的时候寻求导师的帮助和指导。这样的导师制为老师了解学生、学生向老师学习和反馈提供了便利，增加了师生之间的互动交流，构成了又一层的学习社区。此外，钱学森班注重创造学生和不同领域的优秀人才交流的机会，例如通过今日与未来系列讲座、力学与工程前沿课程、与社会导师面对面等活动邀请各领域的名人名家来和钱学森班学生进行面对面的对话，让学生了解各领域的发展情况、前辈的成长历程。可以说，钱学森班以本班老师为核心，聚集了一大批各领域关注创新、关注人才培养的教师、专家学者、企业家等，形成了一个巨大的导师团。学生可以通过和不同老师、前辈的交流为自己的志趣发展创造多种可能。

第三，为了更好地将学习和研究相互结合，为学生提供一个高水平的研究平台，钱学森班创立之后 1 年，即 2010 年微纳米力学与多学科交叉创新研究中心（简称"CNMM"）

成立。该中心为钱学森班学生的学习科研提供了又一个社区。CNMM 创立的主要目的之一就是开创一类新型跨院系多学科交叉研究模式，这和钱学森班的以多学科交叉基础工科的定位相一致。该中心围绕研究课题，组建优势互补、动态开放的研究队伍，并与世界顶级相关研究中心和高科技公司建立战略合作伙伴关系，是一个国际化、包容开放的研究平台。借助这个平台，钱学森班学生从一开始就能接触到国际化的研究思路和资源，并能跟很多优秀的学者一起合作，对于他们日后方向的选择、思维的形成、综合素质的塑造都有指引和支持的重要作用。

第四，以辅导员和班主任为核心的支援社区，逐步配备心理辅导教师。钱学森班为学生构建不同年龄层、各个方面的支援社区。第一支援社区是和学生年龄相仿的辅导员。由高年级学生担任低年级学生辅导员是清华大学于 1953 年就开始建立的"双肩挑"辅导员制度。由于辅导员和学生年龄相仿，辅导员更容易理解低年级学生，学生也更容易信任辅导员。尤其是近几年，随着钱学森班学生毕业，一部分学生在本校继续深造，加入了钱学森班辅导员队伍。由于相同的学习背景和专业训练、相近的年龄，学生在思想、心理、学习、生活的方方面面都可以和辅导员进行交流，寻求建议和指导。第二支援社区是班主任。清华大学班主任制度也始于 1953 年，提倡选拔"政治素质过硬、德才兼备、热爱教育、关爱学生、责任心强、具有一定教学研究经验的在职教师担任"（清华大学, 2018）本科生班级班主任。钱学森班 10 年来坚持由教学经验丰富、认同钱学森班理念、热心帮助学生成长成才的任课老师担任班主任，负责管理班级学生各方面的具体事务。班主任和辅导员由于年龄不同、角度不同，对于学生的关注点和帮助也各有侧重，保证了对学生多方面的支援。另外，钱学森班计划为学生配备心理辅导教师，针对钱学森班学生群体的特点，对学生进行心理引导，促进学生心理健康和全面发展。

最后，搭建家长社区，加强家校合作。从 2017 年 12 月举办首个家长日以来，每年 12 月左右钱学森班都会邀请当年大一新生的家长来京，与钱学森班的老师一起共同探讨孩子成长之路。在家长日活动中，钱学森班老师通过介绍钱学森班的核心理念与培养模式、发展现状，陪同家长参观创新人才培养相关的基地设施，向家长展示"钱学森班是什么"；学生向父母展现自己在钱学森班的学习经历和体会，让父母了解自己在钱学森班的成长。通过家长日，家长能够更加了解钱学森班的特点、孩子目前的学习状况、未来可能的发展方向等信息，增强了家长对孩子创新培养过程的参与感；钱学森班老师和家长、家长与家长之间的交流强化彼此的联系，家长形成一个大的社区，成为创新人才培养的强有力"后援团"；家长作为学校和社会之间一个重要的桥梁，在理解和接受了钱学森班的教育理念和模式之后无形之中会将其向社会传播，对创新人才教育理念的推广具有强有力的作用。

钱学森班颠覆了传统的以让学生"涨知识"的课程教育为核心的培养体系，通过不断探索实践、总结经验，在 2016 年将"CRC"这一钱学森班特有的育才阶梯（见图 3.4：CRC"钱才梯"）系统化。"C"（Course）钱学森班课程，以清华大学荣誉学位课程为主，配合暑期强化课程，帮助学生打下坚实的基础。将研究作为牵引来构建整个培养的框架体系，课程配合研究需要进行广度的拓展和深度的增加，引导学生逐渐形成整体知识面广、兴趣点上知识深度深的"T"形知识结构。"R"（Research）通过研究学习，从 SRT 到 ORIC 再到 SURF，阶梯式培养逐步引领学生进入探索未知的研究状态，找到热情所在。根据学生特点，分阶段提供难度适宜的研究目标和任务，逐步引导学生转换思维，从感性和理性上对科学研究形成全面的认识，系统化训练培养学生的研究能力和素养，通过逐步取得的研究成果让学生增强自信心、激发研究兴趣，给学生多次尝试的机会，让他们有充分的时间找到热情所在。"C"（Community）学习社区，贯穿钱学森班整个四年的教育，提供多途径多机会多资源的支持，不仅引导学生练就过硬的研究本领，同时全方位支撑提高学生综合素养。从入学开始的导师制、各种名人对话讲座，到各种参观、集体活动，再到与其他科研院所、其他专业老师同学的合作，国际交流活动等构建多层次学习社区，引导帮助学生形成国际化视野、大胸怀和大格局，全面塑造他们的价值观、综合人文素质。整个 CRC 体系具有一定的弹性和差异度，能够适应钱学森班具有不同志趣、不同水平的学生，让每位学生都能从中学到自己需要、合适的东西，构建自己特有的知识体系。CRC 体系的培养思路非常明晰（图 3.4）：通过 R 这条主线来牵引，建立 3 大台阶逐步引导；两个"C"对主线进行搭接和补充，第一个"C"课程为学生搭建坚实地基，第二个"C"学习社区贯穿整个培养环节，尤其是微纳中心这一平台和钱学森班老师的"陪跑"，为学生多方面提供资源、全程引导护航。钱学森班的学生通过 CRC 体系培养，在四年的本科学习过程中，会逐步成长，亲手打开那扇通往"创新人才"的志趣之门，走向更加广阔的天地。

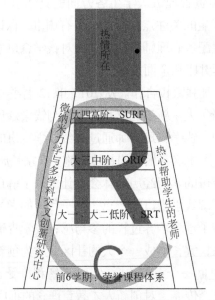

图 3.4　CRC"钱才梯"

3.3　回望·摸索"钱途"路：长风破浪开新路，三箭齐发育五维

从 2009 年成立以来 10 年间，钱学森班在招生选拔和学生培养上不断摸索，形成了钱学森班独有的"多维测评"招生模式和"CRC"培养体系。通过多维测评，选拔出真正适

合钱学森班培养目标和培养模式的学生；通过科学有效的培养模式，充分激发、强化学生身上的五维素质，为成长为创新人才打好基础。尤其在培养的各个环节，钱学森班的各种举措主要是通过三大系统（见图3.5）促进学生五维素质的成长：（1）支持系统——钱学森班对学生成长的支持是全方面的，除了充足的科研资金、实验条件的支持之外，还有强大的导师团队、师资雄厚的任课老师团队，充足的海内外交流机会、丰富多彩的班级活动等，创造各种环境和机会激发和培养学生的五维素质。（2）经验系统——CRC 为核心的钱学森班培养模式引导学生构建各自不同的经验系统，在这个过程中培养锻炼学生的五维素质，达到让他们自由而综合地发展成长的目的。（3）自我认知系统——积极正确的自我认知，有利于个体更好地发挥自己具备的能力素质。因此，通过学生在构建自己的经验系统的过程中，一方面会对自己有更加清晰的认识，另一方面大多数学生也会因为本科阶段的科研经历而对自己的能力素质有更加积极的认知。支持系统为学生五维素质的培养提供了条件，也为引导学生构建各自的经验系统提供了可能；学生在构建自己经验系统的过程，也就是五维素质被激发、培养的过程，同时自己的认知也更加清晰和积极，逐渐形成健康向上的自我认知系统；清晰积极的自我认知再次被强化并将更好地发挥五维素质。三个系统环环相扣、相辅相成，构成钱学森班"三箭齐发"的五维素质培养机制，为保护、激发学生的创造力铸造了坚实保障。

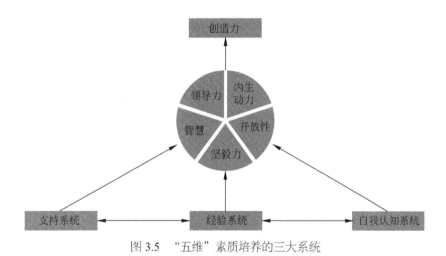

图3.5 "五维"素质培养的三大系统

十年来，虽然招生方式和培养方案一直在迭代、改进，但是这样的改变是为了一直不变的初心：回答"钱学森之问"，为国家培养创新型人才。回答"钱学森之问"是艰难困苦的，没有哪条路径是明确可以走通的，因此需要不断尝试，寻找不断能逼近目标的路径。回答"钱学森之问"是充满挑战的，尤其是要和高考思维已经顽固扎根的大环境做抗争，需要能够经受不断质疑的勇气、不畏艰难坚持到底的毅力和时间精力上的大量投入。回答"钱学森之问"是迫切急需的，钱学森班感到肩上的责任重大。他们之所以对于人才的选拔和培养精力投入如此之大、每位老师工作任务如此之重，就是因为他们深感国家和社会对新的教育模式和创新人才需求的紧迫。全中国每年高考考生近千万，而每年进入类似钱学森班这样的班级，接受创新能力培养的学生凤毛麟角。如果早一年成功探索出一个成形的选拔培养模式，就能早一年将其推广出去，影响更多的学校、教师、家长的教育培养理念，让更多有创新潜能的学生顺利走向成才之路，让国家拥有更多的创新人才。

长风破浪会有时，直挂云帆济沧海。虽然钱学森班的探索一直在各种困惑、困难、质疑中前行，但是十年来这种探索已经有了良好的成效，得到了一定的认可。钱学森班这种大胆的、颠覆性的尝试是在为我国创新人才的培养探明前路。这条路一旦走通，必将会成为创新人才培养的成功范式，并以点带线，以线推面，引起教育理念的深刻变革。

3.4 展望·筑造"钱花房"：不断追求卓越、持续激励他人

过去十年的探索实践，钱学森班积累了一些的经验，形成了一些较有成效的方法体系。未来十年，如何能够更加系统、高效地培养出更多具有创新能力的人才，是钱学森班正在思考的问题。如果用"园丁培育花朵"来形象比喻教育，那么钱学森班其实是在传统教育苗圃中建造的一个花房，在这个花房中用新的方式去培育良苗。因此，建造什么样的花房、培育什么样的花、如何选择种子、如何进行培育，是未来十年钱学森班迫切需要去完善和践行的几个关键问题。

"钱花房"框架：五维一体育三杰 一直以来，钱学森班都在力求培养科学技术创新领域的引领者。钱学森班将该核心目标进一步划分为三个具体目标：（1）个体维度——帮助每位学生找到自己的短期其至长期的目标和方向；（2）班级维度——在每一级学生中发掘几位"潜力之星"，起到引领的作用；（3）群体维度，整个钱学森班形成一个优良的群体文化：让所有的学生都能够"不断追求卓越、持续激励他人"。这三个目标相辅相成、环环相扣，只有帮助每位同学找到自己的目标，才可能有潜力之星"冒"出来；只有前两个目标不断达成，才能逐渐形成"不断追求卓越，持续激励他人"的钱学森班群体文化；而这样的文化一旦形成，前两个目标也将更加容易达成，如此形成一个良性循环。要成为"不断追求卓越、持续激励他人"的人，需要每个个体具有以下五个核心素质：（1）内生动力，学生有激情去完成一个目标，没有什么可以阻挡他们追求目标的脚步，这将促使学生不断挑战自我，追求卓越；（2）开放性，为了自己热衷的目标能够从不同的视角看问题、进行独立思考，能够接受他人的批评和建议，能够容忍模糊，不墨守成规；（3）坚毅力，"不断追求卓越、持续激励他人"中的"不断"和"持续"就要求个体具有坚毅的品质，需要能够克服一个个困难，承受压力，坚持不懈；（4）智慧，该素质是基础，否则很难做到卓越；（5）领导力，从引导一个团队到激励更多人、影响和改变世界。因此，上文提到的五维素质模式 MOGWL 是对钱学森班卓越文化的一个细分和具体阐释（见图 3.6）。

在这样的文化氛围下，钱学森班希望每一级招收的 30 名学生能够形成一个共同学习、共同探索、共同进步的团队。在这个团队中，每位同学将会根据自己的个性自然成长为三种类型的"苗子"之一：未来领导者、未来塑造者和未来实践组织运营者。未来领导者——成为钱学森班团队的领导核心，能够引领着整个班级，帮助构建整体卓越文化的同

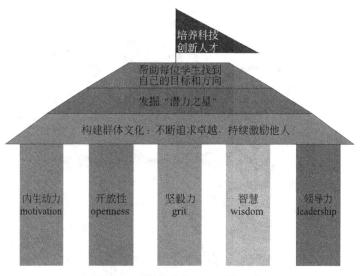

图3.6 "钱花房"——五维一体

学，预期能够占到全班人数的六分之一（5人左右）。他们擅长组织和凝聚他人，善于协调各个组织之间的关系，带领团体朝同一个方向前进，期望能够成长为未来 CEO 式的人才。未来塑造者——这一概念来自于世界头号对冲基金桥水基金创始人瑞·达利欧的《原则》一书（瑞·达利欧, 2018），是指"有原创的愿景，并成功实现了这些愿景"的人[1]，他们都是特立独行者。这类人有三大特点：一是有雄心壮志和极大的热情去做一件有价值的、有意义的、伟大的事情；二是有能力、有路径去实现目标，具有实干家的作风；三是拥有坚毅的品格，无论遇到什么困难都能坚持不退缩。这类人是钱学森班希望大批培养的学生，预期能够占到全班人数的三分之二（20人左右）。未来实践组织运营者——能够具体落实、督促某个事情或构想的实际推进，理解核心理念，熟悉关键技术，具有很强的组织能力、领导能力和执行能力的同学。属于这一类型的学生期望占到班级的六分之一（5人左右）。这三类学生将共同凝聚成一个团体，每位同学都能不断追求卓越，该团体也能因此变得更加卓越。这样的一个过程就像是钱学森班在培育一朵花（见图3.7）："不断追求卓越，持续激励他人"的卓越文化是花蕊，该文化是钱学森班的精华，未来也会通过花粉将这种文化传播出去；周围围绕的花瓣是未来领导者，他们是整个团体的核心，也是文化的促成者；未来塑造者是叶子，每一片叶子都是不同的，各具特色，数量也将是最多的，形成钱学森班的整体印象；茎秆是未来实践组织运营者，对于花朵和叶子都有一个帮助、支持性的作用。钱学森班要将一朵朵鲜花的每一个部分：花瓣、叶子、茎秆都培育得杰出，这一朵朵鲜花就会更加夺目，为世界带来美好的未来。

---

[1] 书中提到各个领域的塑造者，商界有：史蒂夫·乔布斯（苹果公司）、埃隆·马斯克（特斯拉、太空探索技术公司和太阳能公司 Solarcity）、杰夫·贝佐斯（亚马逊）和里德·哈斯廷斯（奈飞）；慈善领域：穆罕默德·尤努斯（格莱珉银行），里·卡纳达（儿童关爱机构"哈莱姆儿童地带"）和温迪·科普杰夫（非营利机构"为美国而教"）；比尔·盖茨和安德鲁既是商界也是慈善界的塑造者；政界：温斯顿丘·吉尔、小马丁·路德·金博士、李光耀、邓小平；科学界：爱因斯坦、弗洛伊德、达尔文和牛顿；宗教界：基督、穆罕默德和释迦牟尼。

未来塑造者
（特立独行者）

未来实践组织运营者

卓越文化

图 3.7 钱学森班 "三杰花"

未来十年，钱学森班将会更加注重将每一级的班级作为一个团队来培育，力求达到"1+1>2"的效果——让每位学生卓越、整个团队更加卓越。每位学生作为团队中的一员，根据自己的个性特点寻找自己在班级中的位置，成长为独特的自我。在这种"特立独行"文化的引导下，学生的成长会更加贴合自我的个性特点。同时，整个班级的价值标准（也就是对"卓越""优秀"的定义）会更加多元化：每位同学都是独特的，因此"竞争"这个概念更多地存在于时间维度上，是与纵向的自己对比（"以前自己""现在自己"和"未来自己"），将减少单一维度下个体相互之间横向的激烈竞争，引导学生不断挑战和突破自我，"不断追求卓越"。另一方面，有了群体文化、"每个个体卓越、群体更加卓越"这些理念，每位同学在整个团队中自我不断突破的同时，也能看到自己的卓越对群体产生的作用力、意识到自己和群体之间的关系，进而激发他们"持续影响他人"的能力和意识。

选种：三环相扣常关注　如何找到符合钱学森班培养目标要求的学生？招生依然是重中之重。世界一流公司或大学人才招聘一般有三个环节：实习、心理测量、面试。通过总结和学习以往这些优秀的经验，钱学森班未来也准备采取三个环节的招生步骤。第一个实习环节，企业一般的实习是 3~6 个月，钱学森班根据实际情况，准备搭建新的"实习路径"：组建招募"推荐官"，拟招募认同钱学森班理念的中学老师、负责招生的老师、志愿者成为钱学森班招生"推荐官"。"推荐官"群体构成一个多维度、全方位的观察视角：中学老师和学生接触时间长，对每个类型的学生有较为细致的、丰富的观察经验；负责招生的老师有长期的招生工作经历，能够在较短时间内准确判断识别适合的学生；志愿者能够从不同的角度来看待学生，从而使观察推荐更加多元和全面。前两个环节将会在目前已有经验的基础之上做一些调整。首先，综合参考"推荐官"推荐和高考、竞赛、工科营等表现，将从有意愿进入钱学森班的学生中进行推荐，确定一个 100～200 人大名单，进入"钱班+"。然后选出 60 人进入二次招生，进行再次筛选。二次招生将会持续两天：半天心理测试，半天实践活动；面试持续一天，面试组老师和每位同学交流 45 分钟左右的时间，对学生进行全方位的考察了解；全体招生组老师讨论最终决定录取名单。面试环节面试考官的组成相当重要，因为面试考官的组成将直接决定什么样的学生可以通过面试环节（瑞·达利欧，2018）。为了让每一个面试组的构成更具多元化和公平性，除了本校老师以外，钱学森班还将邀请校外人士来参加，使得每个面试组的面试考官中本身就有塑造者、领导者和运营者的类型。心理学测试将会根据现有的应用广泛有效的工具不断修改更选，逐渐形成为拔尖人才招生而量身定制的选拔工具。整个招生过程中的选拔标准以五维素质为核心进行严格筛选，钱学森班将针对每位学生，给出是否适合钱学森班培养目标和计划的建议，让每位同学（包括高考状元或者学科竞赛金牌的学生）决定自己是否进入钱学森班学习。

钱学森班的"选种"将秉持多机遇、多层次原则，并非二次招生这"一锤子买卖"，在学生进入钱学森班学习之后，钱学森班还会对他们进行持续关注，开放进出通道，给学生自由选择的空间。另外，在学生入学之初，钱学森班会邀请每位学生签订一份知情同意书，加入一个持续 20 年以上的纵向身体和心理素质调查。身体和心理素质测量不仅在招生阶段，还会在第 3 学期、第 7 学期、第 5 年、第 20 年进行 5 次纵向跟踪调查，做到对学生身体和心理动态的持续关注，并将测量结果反馈给学生，让他们了解自己的身体和心理状况。这个长期的数据积累过程也将为优化身体和心理素质测量工具提供数据基础。另一方面，在每个学期，钱学森班都会进行学生表现情况的调研，邀请任课老师对学生和钱学森班的匹配度上进行评价，并作为钱学森班工作组之后重要的工作参考资料。通过身体、心理测量和任课老师评价两条途径，钱学森班可以保持对学生的持续关注，及时发现学生面临的问题和困难，随时和学生进行交流并做出调整。

育苗：引导新生塑氛围 过去的十年，钱学森班逐步建立了"CRC"培养模式，该模式对于每位学生科研能力的提高具有显著的效果，基本实现了每个班级学生综合表现的负偏态分布（见图 3.8）。在个体长远发展和群体提升方面，如何能够最大程度地帮助学生更快更好地适应大学生活，引导他们营造良好的群体文化，激发每位同学"不断追求卓越，持续影响他人"，同时让整个班级团体更加卓越，是下一个十年需要探索践行的关键内容。

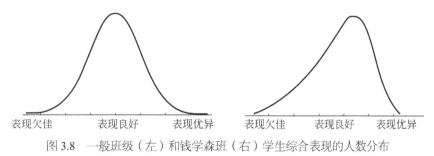

图 3.8 一般班级（左）和钱学森班（右）学生综合表现的人数分布

通过总结过去十年的探索经验，钱学森班发现：在大一阶段，如果师生之间在班级建设、培养目标等方面有很好的沟通交流，那么这个班级的学生在后期学习过程中就会更加有凝聚力、也更有活力，学生的主动性和自我认同与班级认同也会更强；反之，这个班级在后期就会比较松散、不易管理，每个学生的各方面能力也更不容易激发。因此，新生入学引导教育至关重要。如果在大一刚入学这个时期，及时帮助学生更好更快地适应大学生活、更加全面清晰地了解钱学森班的理念模式，学生在之后的学习生活中就会对老师更加信任、并会沿着钱学森班的培养目标，自主地、更快地成长。

为了更好地帮助同学们适应大学生活、更好地成长，钱学森班未来将从以下四个方面展开工作。

首先，钱学森班将加强在校学生的各种丰富多彩的学生活动，突出钱学森班文化特点。过去十年，钱学森班根据自身特点，举办了很多班级活动，例如革命圣地参观、班级秋游、野外生存等，这些活动对于增加师生之间、同学之间的交流机会，增强班级凝聚力效果明显。未来十年，这些具有鲜明特色的活动将会继续践行并且得到加强和丰富，成为钱学森班群体文化特色活动的重要组成部分。

第二，钱学森班将推出一门新生必修的课程——"X-idea"。"X-idea"强调想法的多元性、从未知到已知的变化。钱学森班计划将现有的新生研讨课、现代力学前沿等课程整合纳入"X-idea"，课堂内容的前 $1/4 \sim 1/3$ 将包括钱学森班文化研讨、课程体系、培养模式CRC、目标与选择等多个方面；课堂结构主要包括 3 个部分：讲解（1 小节课）、分组讨论（1 小节课）、小组报告（1 小节课），每节课围绕一个主题展开，引导学生对这些问题进行深入讨论，给学生提供了解和参与钱学森班发展建设的机会，同时也能增加学生之间的相互了解，丰富学生之间沟通交流的渠道。

第三，学生评价体系也会增加一项新的内容——自我认识报告。让学生每一学年做一次 10 分钟报告，围绕过去一年里在自我探索方面做出的努力、探索的过程以及结果、感兴趣的人或事情、对他人的认识等话题进行阐述。通过这一措施，希望能够进一步弱化考试成绩这一单一评价维度，让学生能够了解到评价体系的多元化，引导学生有意识地记录和了解自己心理发展成长的历程。学生只有了解自己，才有可能超越自己，做到"不断追求卓越"。该报告活动还同时提高了对自我和他人的认识能力，能够更加深入了解他人，如此也更容易做到"持续激励他人"。

最后，增加新生引导教育，注重学生心理素质建设。钱学森班对学生的期望不仅仅在于练就扎实的科研能力，还期待学生具有团队引领能力和对他人的影响力，这些都对学生在与人合作、交流方面的能力素质提出了很高的要求，同时也对班级建设提出了挑战。钱学森班希望通过职业生涯规划、个人潜能开发、心理健康团体辅导等活动和由钱学森班核心老师、高年级学生、毕业生等主讲的交流活动（或者课程）激发学生的潜能和素质，帮助学生了解钱学森班的文化、学会沟通与合作、探索激发自己的潜能。未来，钱学森班将主动引导学生更好地适应大学集体生活、增强班级凝聚力、明晰未来职业发展规划。在这些活动筹划和准备的阶段，可能需要钱学森班的老师更多去推进这些活动的举办，但是随着卓越文化氛围逐渐形成之后，这些活动便可以交由高年级学生或者毕业生去主导。如此，学生之间的交流也会带来不同的效果，同时这样的一种氛围和文化会深入钱学森班学生这个群体的血液，不同年级的学生之间相互激励、不断传承。

上述这些措施，将引导和帮助每一位学生了解大学生活、认识自我、找到未来的发展方向，将让每一位学生更清晰地理解钱学森班的培养理念和模式、可以更好地适应大学的学习生活。通过这些活动，钱学森班的使命将会传递给学生，让他们意识到：进入钱学森班是荣誉，是机遇，又是挑战，更是责任；钱学森班的建立和创新人才的培养是国家的需要、世界的需要。当学生逐渐了解并认同"让创新成为人类未来生存与发展的核心要素"这一钱学森班的愿景，以及"成为各自领域的创新领袖，改变世界"这个钱学森班群体共同的使命，内生动力将会得到进一步的激发，进一步促进他们"不断追求卓越，持续激励他人"。另外，这些活动还有一个非常重要的作用就是培养学生独立思考能力。有了独立思考的能力和习惯，学生在未来的成长过程中就能够主动搜集和整理知识或信息，并在此基础上自己独立作出判断，从而不会过分受到某一个人或者某一种声音的单一影响，成长为个性鲜明并能独立思考的个体。

总体来说，钱学森班认为在招生选拔、入学后生活和学习的引导、内生动力的激发、科研能力和兴趣的培养这几个关键点上扎实做好，后期只需提供良好的资源条件，学生就能自然成长为具备成为大师所需能力素质的后备军。创造出良好的环境、挑选出良种、精心播种，之后只要有充足的水分、养料、阳光，小苗就能茁壮成长。钱学森班充分相信学生的潜力资质，为学生提供较大自由选择空间，希望通过在必要环节的引导和陪跑，让学生自主成长，追求自我价值实现的同时拥有宽视野、大情怀，让团队共同发展，将卓越文化自然传承。

我们相信，道路是曲折的，"钱途"是光明的。过去十年，钱学森班在很多环节上已经积累了丰富经验，尤其是在学生科研能力素质培养方面形成了一定的体系；未来十年，钱学森班将在已有经验和体系的基础上不断完善，更加注重对学生科研之外思维、素质的引导和培养，让学生能够树立更加多元化、立体化的世界观、人生观、价值观，在科技创新道路和人生道路上走得更稳、走得更远，"不断追求卓越，持续激励他人"。

参考文献

曹培杰. 2018. 未来学校将从批量生产模式走向私人定制模式[J]. 中小学信息技术教育(Z2): 77-79.

李斌. 2005-07-30. 亲切的交谈——温家宝看望季羡林、钱学森侧记[N]. 人民日报(01).

钱学森. 2010. 钱学森最后一次系统谈话: 大学要有创新精神[J]. 教书育人(01): 76-77.

清华大学. 2018. 清华大学本科生班主任工作管理办法——经学生工作指导委员会 2017—2018 学年度第 2 次会议审议通过[EB/OL]. [2019-05-30]. http://xxbg.cic.tsinghua.edu.cn/lbxxw/lbxx/detail_xn.jsp?seq= 126488&boardid=2706

瑞·达利欧. 2018. 原则[M]. 刘波, 綦相, 译. 北京: 中信出版集团股份有限公司.

王颖. 2013. 维果茨基最近发展区理论及其应用研究[J]. 山东社会科学(12): 180-183.

袁驷, 张文雪. 2014. "清华学堂人才培养计划"改革与探索[J]. 中国大学教学(03): 9-13.

张志英. 2012. 巴菲特给儿子的成长圣经[M]. 北京: 中国纺织出版社.

郑泉水. 2018a. "多维测评"招生:破解钱学森之问的最大挑战[J]. 中国教育学刊(05): 36-45.

郑泉水. 2018b. 论创新型工科的力学课程体系[J]. 力学与实践, 40(02): 194-202.

郑泉水, 白峰杉, 苏芃, 等. 2016. 清华大学钱学森力学班本科荣誉学位项目的探索[J]. 中国大学教学(08): 50-54.

JOHNSON R, WATKINSON A, MABE M. 2018. The STM Report—An overview of scientific and scholarly publishing[EB]. [2019-06-01]. https://www.stm-assoc.org/2018_10_04_STM_Report_2018.pdf.

第 4 章
清华大学钱学森班人才培养成效的实证研究

杨泽云，马秋晨，管　哲，周　希，周凌霄，林　云，姚彦莉，
黄婧怡，郭双双，孙　沛

（清华大学社科学院，北京，100084）

4.1　引言

　　进入 21 世纪以来，随着互联网、人工智能、量子信息、基因编辑、脑科学等学科领域的全面兴起和迅速发展，新的一轮科学技术革命正在发生，并牵动着全球经济、军事、文化等方方面面。科学技术的创新与进步密切关系到每一个国家在国际舞台中的站位与前途命运，深刻影响到社会的发展进步与安全稳定，切实关乎到人民的工作生活和幸福安康。而科技创新关键在人才，人才是创新的第一资源。目前看来，"我国人才发展体制机制还不完善，激发人才创新创造活力的激励机制还不健全，顶尖人才和团队比较缺乏"（习近平，2018）。创新人才缺乏，究其根源在于教育。早在 2005 年钱学森先生在见到温家宝总理时就忧心忡忡地说道"现在中国没有完全发展起来，一个重要原因是没有一所大学能够按照培养科学技术发明创造人才的模式去办学，没有自己独特的创新的东西，老是'冒'不出杰出人才"（李斌，2005）。那么，"培养科学技术发明创造人才的模式"具体是什么样的模式呢？以回答"钱学森之问"、为国家培养科技创新人才为使命的清华大学钱学森班（以下简称"钱学森班"），从 2009 年成立之时起就开始反思传统教育模式的弊病，在教育实践中寻找钱学森先生提到的这种"培养科学技术发明创造人才的模式"。通过十年的尝试与探索，钱学森班逐渐摸索出了一套独特的人才选拔和培养体系，即多维测评体系和"CRC"培养模式。

　　钱学森班 2009 年秋季开始招收第一届学生，通过各种途径每届招生 30 名左右，到 2019 级共招收 300 余名学生。其中毕业生 180 名左右，在读本科生 120 余名。通过对传统教育教学理念、做法的深刻反思，钱学森班从招生环节开始就秉承钱学森先生的教育理念，看重学生的创造潜力而非考试成绩。十年间，尝试了多种招生途径，包括高考、校内二次招生、钱学森创新挑战营（以下简称"挑战营"或"工科营"）、转专业、学科竞赛等多种路径，对学生的内生动力、开放性、坚毅力、智慧、领导力进行全方位测评，希望挑选出具有创造潜力，适合钱学森班培养理念和模式的学生。

　　钱学森班注重建立以学生为主体的教育模式，围绕学生需求设立导师制、精简课程体

系、实施小班授课、设立引导学生对科学研究从感性认识到自主深入研究的阶梯式 CRC 培养模式，利用各种资源为学生寻找科研方向，提供科学研究机会和平台，试图让学生从被动学习向主动学习、从知识堆砌到深度学习、从研究跟随者向独立研究负责人逐渐转变，培养学生的综合素质、激发学生的创造潜力。

十年来，钱学森班持续摸索，不断调整招生和培养方案，注重学生的五维素质，目前已经积累了一定的经验，并取得初步成效。为了更好地了解钱学森班学生群体的培养与成长情况，我们针对钱学森班成立以来 10 年间招收和培养的 2009 级到 2019 级共 300 余名（2019 级目前通过学科竞赛已经招收 13 名新生）学生为对象，围绕钱学森班提出的五维素质测评体系（即内生动力、开放性、坚毅力、智慧、领导力）以及身心健康和所处环境展开调研。

4.2 调查研究

4.2.1 研究对象

本次调研通过网络问卷形式进行，问卷通过问卷星平台邀请钱学森班 2009 级到 2019 级所有同学进行填写。平台从 2019 年 2 月 1 日开始开放，截止到 2019 年 4 月 18 日，问卷填写情况如图 4.1(a) 所示，其中 2010 级、2015 级、2017 级、2018 级有效问卷回收超过该级学生总人数的半数，总共收回问卷 150 份，接近总体人数一半[①]。

从问卷填写时间、答题逻辑、连续相同选项作答等几个方面对回收的问卷进行质量分析，答题质量基本良好，最终删除 1 份无效问卷，保留 149 份有效问卷。本次填写问卷群体性别比例如图 4.1(b) 所示，男性占到总体人数的 85%。年龄分布如图 4.1(c) 所示，年龄最大 29 岁，最小年龄为 16 岁。由于最早的一届为 2009 年入学，因此群体整体年龄偏年轻。因为基本都是"90 后""00 后"，所以以为独生子女的学生较多，占到问卷回收总数的 87%（图 4.1(d)）。由于年龄偏小，因此共青团员比例最大，占到 74%，中共党员（含预备党员）人数占 17%，群众占比最小为 9%，无民主党派（图 4.1(e)）。目前大部分学生还在上学，占到 93%，工作的人数只有 7%（图 4.1(f)）。

4.2.2 调研工具与描述性统计结果

本次调研围绕钱学森班提出的五维素质测评体系，即内生动力、开放性、坚毅力、智慧、领导力，查找能够测量以上几个素质的国内外量表，或者自编问卷，形成一个综合问卷，作为本次调研的测量工具（见表 4.1）。例如，通过内外部动机、主动性人格、福流来测量内生动力这一指标；利用人格、想象力能力来测量开放性；测量抗逆力、坚毅来反映坚毅力；通过批判性思维、成长型思维来测量智慧这一维度；用对领导力的测量来反映个体的领导力水平。此外，本次调研还测量了心理健康和身体健康、学生所处的支持性环境等若干指标，包括生活满意度、积极消极情绪、认知情绪调节、自尊、自信乐观、时间观念、美德优势、抑郁水平、睡眠、体育锻炼、环境支持，全面测量了钱学森班学生的五维素质和心理身体健康、受支持水平。

---

① 2011 年级因目前仅收集了 2 份样本，暂不纳入文字描述范围，下同。

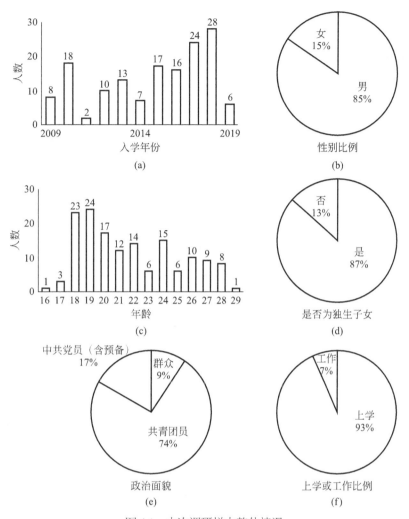

图 4.1 本次调研样本整体情况

表 4.1 本次调研测量指标

一级指标	二级指标	量表名称
内生动力	内外部动机	内外部动机
	积极主动	主动性人格
	福流	福流
开放性	人格	大五人格
	想象力	想象力能力
坚毅力	抗逆力	CD 抗逆力
	坚毅	坚毅
智慧	批判性思维	批判性思维倾向
	成长型思维	成长型思维

一级指标	二级指标	量表名称
领导力	领导力	学生领导力行为实践
心理健康	生活满意度	生活满意度
	情绪	积极消极情绪
	认知情绪调节	认知情绪调节
	自尊	罗森伯格自尊
	自信乐观	心理资本
	时间观念	津巴多时间观念
	美德优势	6 美德 24 优势
	抑郁水平	流行病调查中心抑郁
身体健康	睡眠	匹兹堡睡眠
	体育锻炼	体育锻炼
环境	环境支持	工作与家庭支持

五维素质

1. 内生动力

（1）内外部动机

面对同样的事情，不同的人会产生不同的目标和取向。有些人总能带着内心的喜爱、充足的兴趣面对并投入其中；相比之下，有些人更容易受到外部激励的影响。工作动机是指"一系列激发与工作绩效相关的行为，并决定这些行为的形式、方向、强度和持续时间的内部与外部力量"（张剑等，2010），常常被分为内部动机和外部动机两种。内部动机强的人，从事某项工作的原因主要在于活动本身，他们觉得工作有趣、令人好奇、具有挑战性，感到满足和享受；外部动机强的人，更加看重活动之外的某种目的，比如金钱、预期中的奖赏、被人关注或者认可（Amabile et al., 1994）。内部动机高的个体具有更高的创造力、更强的自我控制能力、更优秀的学业成绩，更少地受到外界评价的影响，拥有较低的焦虑情绪（池丽萍，辛自强，2006；卢小君，张国梁，2007；张剑等，2010；Noels et al., 2001；Amabile et al., 1994）。因此在人才选拔和培养方面，动机的测量至关重要。

Amabile 和 Hill 等人编制了工作动机量表（Work Preference Inventory, WPI），该量表采用 4 点评分，得分越高表示动机水平越强，30 道题的题量有效避免了被试者的疲劳，并可以拆分为两个独立的子量表分别测量个体的内部动机和外部动机。其中，内部动机又可分为享受性、挑战性两个主要因子；外部动机可以分为补偿性、奖励性两个因子（Amabile et al., 1994）。该量表具有较高的内部一致性信度、重测信度、结构效度和预测效度。在美国、台湾、大陆的样本中均具有良好的效果，是区分和测量内外生动机有效、可靠的工具（池丽萍，辛自强，2006；邱皓政，2000；Amabile et al.，1994）。

本次调研选用了上述的工作动机量表（WPI）进行测量，结果如图4.2所示，可以看出：钱学森班学生整体内部动机得分较高；外部动机得分相对较低。其中2018级在内部动机的"享受"和"挑战"两个因子上的得分都最高，2019级紧跟其后。

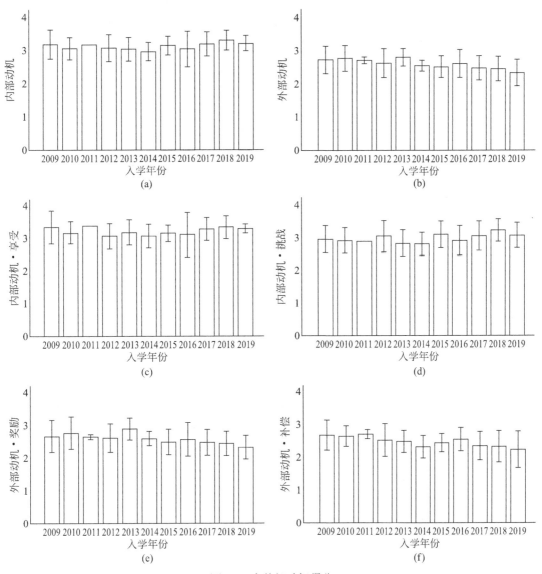

图4.2 内外部动机得分

（2）主动性人格

主动性人格最早由 Bateman（1993）提出，认为主动性人格是指相对不受情境力量的约束，可以采取行动主动影响环境的稳定人格特质；具备主动性人格的人，总是积极寻求机会，表现出主动性，采取行动并坚持不懈，直到实现他们期望。研究表明，主动性人格对工作绩效、领导能力、创业、职业生涯成功有着积极影响（刘密等，2007）；主动性人格与创新行为有着积极正向关系（张振刚等，2014）。因此，不难看出，主动性人格对于创新人才、科研人才来说，是可贵且重要的人格特质，因此有必要纳入创新人才的选拔和培养中。

Bateman（1993）编制了主动性人格问卷（Proactive Personality Scale），该问卷由 17 个项目组成，采用李克特式 7 点计分，得分越高，表明主动性水平越高。中文版本由商佳音和甘怡群（2009）翻译并修订，在大学生群体施测取得了良好的信效度。

本研究选用了商佳音和甘怡群中文修订版本进行测量，结果如图 4.3 所示，可以看出：钱学森班学生的主动性人格整体水平较高，尤其是 2018 级、2017 级、2009 级为最高的三级。

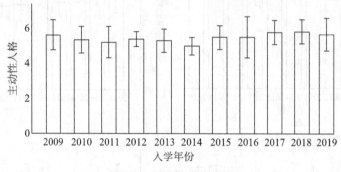

图 4.3　主动性人格得分

（3）福流

“福流”是积极心理学中的重要概念，由匈牙利裔美国心理学家米哈伊·特米哈伊（Mihaly Csikszentmihalyi）于 1995 年提出，描述的是毫不费力、全身心地投入到活动中的体验（Pearce et al., 2005）。其最早应用于研究运动中的“福流”体验，后扩展到人机交互、信息科学、心理学、教育学等诸多领域。Chen 等人（1999）将特米哈伊描述的福流体验的九个特征分为三个层面：能够引起福流的活动通常包含一系列清晰的目标、及时而适当的反馈、与个人技能相匹配的挑战；在福流状态中，个体行动与意识相融合、专注于任务上、体验到对任务的控制感；进入福流后的感受包括忘我、时间的扭曲感和感受到对活动本身的内在价值（Chen et al., 1999）。

研究者对于福流的概念和测量提出了多个模型。Pearce 等人（2005）采用任务结束后对投入感、愉悦感和控制感的评分来评估总体的福流状态。该量表共有 11 项题目，Sung, Hwang 和 Yen（2015）从中选取 8 道题目测量福流体验，有较好的信度（Sung et al., 2015）。本研究选取 Sung, Hwang 和 Yen（2015）开发的 8 道题目的福流体验测量，对钱学森班 2009 级到 2019 级的 11 个年级的学生施测，结果如图 4.4 所示。福流体验的得分无明显随年级变化的趋势，其中 2009 级福流体验得分最高，2018 级紧随其后，2014、2016 级得分较低。

2. 开放性

（1）大五人格——开放性

一系列研究表明，成年人的人格具有高度稳定性（Block, 1981；Costa 和 McCrae, 1992；McCrae 和 Costa Jr., 1990），人格特征对于创新人才的选拔和培养非常重要。

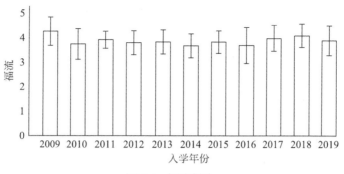

图 4.4 福流得分

人格心理学领域对人格的研究经历了不同阶段，形成了关于人格的不同理论。逐渐形成人格五维度的共识，这五个维度分别为开放性（Openness，O）、尽责性（Conscientiousness，C）、外倾性（Extraversion，E）、宜人性（Agreeableness，A）、神经质或情绪稳定性（Neuroticism，N）（John 和 Srivastava，1999）。其中，"神经质"维度可以用来评判心理健康；"外倾性"是诸多特质（例如社交性、积极以及体验积极情绪的倾向）的基础；"开放性"维度得分高的个体往往富有想象力、对艺术和美较敏感并且拥有丰富而复杂的情绪；"宜人性"维度可用于预测个体的同理心、合作程度；"尽责性"可用于判断个体是否细致、勤劳以及有组织性等（Costa 和 McCrae，1992）。

一般常用大五问卷（Big Five Inventory，BFI）对人格五维度进行测量，问卷分为完整版与简版。王孟成、戴晓阳等（2010a，2010b）及王孟成等（2011）编制了 134 个条目的中文版大五人格问卷及 40 个条目的简版，在中国大学生中测试，都具有良好的信效度。

本研究选用了 44 道题目的中文版大五人格量表对钱学森班 2009 级到 2019 级的 11 个年级的学生进行测量，结果如图 4.5 所示，可以看出钱学森班学生整体在开放性、尽责性、宜人性维度上得分较高。其中在开放性上 2018 级得分最高、2014 级最低；在外倾性上 2009 级最高，2014 级最低；神经质得分，2014 级最高，2009 级最低；尽责性得分，2009 级最高，2014 级最低；宜人性得分，2018 级最高，2012 级最低。

（2）想象力

想象力可以让人在现实之外构建其他可能性，把碎片化的情境转化为有意义的整体（Liang et al.，2012），它被认为是培养创造性思维的基础，是创新的驱动力（Finke，1996）。想象力是进行创新、思维的符号表达、批判性思维的重要能力（Trotman，2006）。

创造性想象具有理想化构建和转化的特征（Kunzendorf，1982），是在事物之间构建新的联系的能力（Taylor，2012）。通过对设计专业学生的调查，想象力可分为起始想象力（initiating imagination）、构想想象力（conceiving imagination）和转化想象力（transforming imagination）（Lin et al.，2014）。其中，起始想象力指探索未知、产生新奇的想法；构想想象力指能够以个人知觉敏感地抓住概念的核心，并以专注和辩证逻辑来实现目标；转化想象力指将抽象的想法具体化，并能够在不同领域和情境下迁移运用（Chang et al.，2014）。

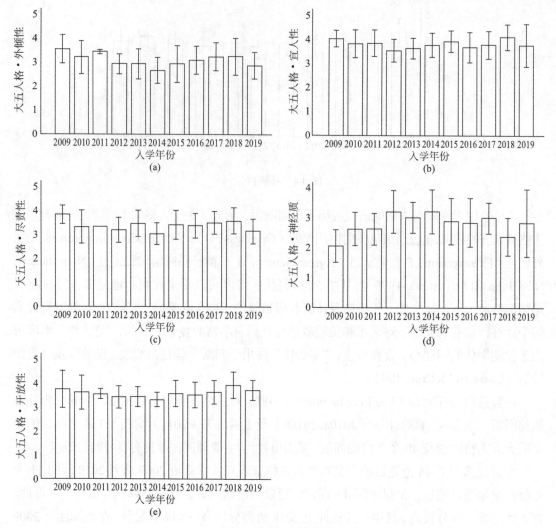

图4.5 大五人格得分

对于创新型人才，产生创造性想法并付诸行动、产生结果的能力十分重要。本研究采用Lin et al.（2014）的想象力能力量表（Imaginative Capability Scale, ICS）对钱学森班2009级到2019级的11个年级的学生进行测量。该量表包含29道题目，分为起始想象力、构想想象力和转化想象力三个维度，具有较好的信度和结构效度（Chang et al., 2014）。

在本次测量中，钱学森班历届学生的想象力能力及其各维度得分如图4.6所示。该量表总分为6分，钱学森班学生的得分较高，随年级增长略微呈现U形，在最早离校的2009、2010级和入学未满一年的2018级出现最高值，2014级出现最低值。在各分维度想象力得分也呈现两侧年级略高、中间年级得分略低的趋势。

3. 坚毅

（1）抗逆力

抗逆力（resilience），又称为心理弹性、心理韧性（邱婷，谭文，2012），它被看作是衡量压力应对能力的标准（Connor et al., 2010），美国心理学会将抗逆力定义为：个体面对逆

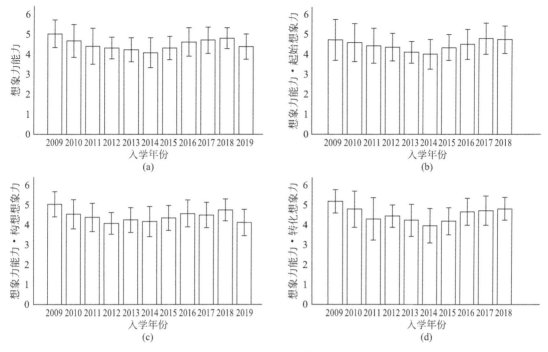

图 4.6 想象力能力得分

境、创伤、悲剧、威胁或重大压力源的适应过程，即在艰难经历中的"反弹"能力（American Psychology Association, 2010）。研究表明，抗逆力影响着人们的压力适应、心理健康，如抗逆力与生理恢复时间呈现显著负相关，说明抗逆力水平越高，个体在压力下生理恢复更快，即心理适应水平越高（崔丽霞等，2012；赵晶等，2010）；抗逆力在压力与心理健康的关系中起到中介作用（吴曼，孙雪芹，2019）。

科研工作本身是高压力、高强度的工作，能否适应压力，经历挫折并迅速恢复，维持良好的健康水平，关系到能否长期从事科研工作，因此，科研人才的培养和选拔中，抗逆力水平的选拔显得尤为重要。对于钱学森班抗逆力水平的测量采用了 Connor-Davidson 心理弹性量表（CD-RISC）的中文版本，量表包括 25 个条目，采用里克特氏 5 点量表评定法，共 5 个维度。

结果如图 4.7 所示，钱班学生抗逆力水平整体较高，其中 2018 级得分最高，2012、2014 级较低。

（2）坚毅

每一位高成就的个体身上可能同时具有很多优秀的品质，但坚毅可以说是大多数行业领军者身上都具有的品质之一。国内外很多研究表明，坚毅的品质能够预测个体的学业成就（蒋文等，2018；王夏夏，2018；Bowman et al., 2015；Duckworth 和 Quinn, 2009；Wolters 和 Hussain, 2015），因此对于创新人才的选拔和培养非常重要。Duckworth 和 Quinn（2009）将坚毅定义为对长期目标持有的毅力和热情。五维素质之一的"坚毅力"包括开始和改变的勇气，拥抱失败，屡败屡战，对目标锲而不舍的追求和专注耐得住寂寞，坚持到底等

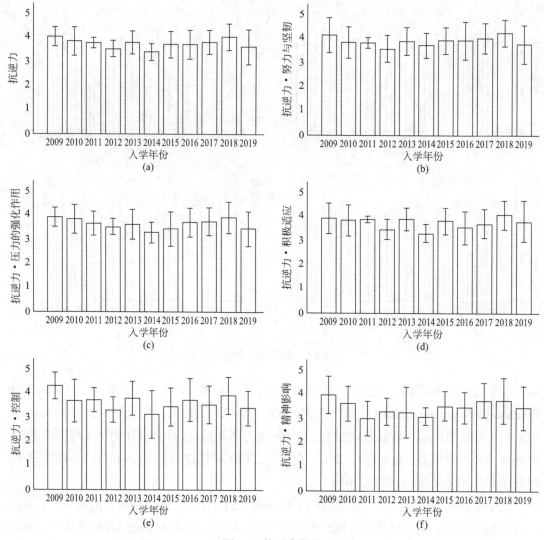

图4.7 抗逆力得分

（郑泉水，2018a）。两者对坚毅的定义异曲同工。"对目标锲而不舍的追求和专注"包含了两个方面："锲而不舍的追求"是要为了一个目标付出长时间的努力；"专注"则要求对目标保持长久而高度的兴趣。

对人才的选拔来说，坚毅的测量就显得尤为重要。Duckworth 和 Quinn（2009）围绕这两个维度编写了测量坚毅的量表（Grit Scale），包含 12 道题目，具有良好的信效度。两年后他们对此量表删减至 8 道题，形成简版坚毅量表（Grit-S），并成功预测了青少年的GPA（学业成绩），并发现量表得分和看电视的时间成负相关。谢娜等（2017）将 12 道题目的坚毅量表进行汉化，并在中国成人群体中施测得到了较高的信度和效度。本次调研选用了 8 道题目的简版坚毅量表，测量结果如图 4.8 所示，可以看出：钱学森班学生整体得分基本都在 3 分以上，其中 2018 级和 2009 级在该指标上得分最高，分别为 3.571 分和 3.556 分。

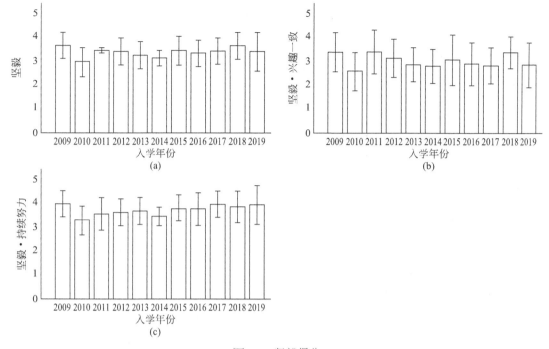

图4.8 坚毅得分

4. 智慧

（1）批判性思维

批判性思维特质近年来受到越来越多的关注。诸多研究表明，这一特质与学术表现、深度学习、专业技能、自我心理韧性等存在一定程度的关联（El-sayed et al., 2011; Facione et al., 1995; Fahim et al., 2010; Kwon et al., 2007; Macpherson 和 Stanovich, 2007; Sosu, 2013; West et al., 2008），因此对于创新人才的选拔和培养非常重要。批判性思维包括认知和特质两个维度（Facione et al., 1995; Sosu, 2013），有学者据此对批判性思维进行定义。

批判性思维特质量表（california critical thinking disposition inventory, CCTDI）测量"寻找真相、开放思想、分析能力、系统化能力、批判思维的自信心、求知欲和认知成熟度"七个方面的特质（彭美慈等，2004）。原量表包括 75 个条目。目前有研究针对中国学生进行测试（彭美慈等，2004; Ip et al., 2000; Yeh, 2002），彭美慈等人（2004）还编制了包含 70 个条目的批判性思维能力量表中文版（CTDI-CV），具有良好的信效度。

本研究选用了 70 道题目的批判性思维量表对钱学森班 2009 级到 2019 级的学生进行测量，结果如图 4.9 所示，可以看出钱学森班学生在分析能力、系统化能力、批判性思维的信心、求知欲维度得分较高。其中，寻找真相维度得分最高的是 2009 级、认知成熟度维度上得分最高的是 2019 级。

（2）成长性思维

根据人们认为自己的智力和能力是否可变，学者将人们的思维方式分为两类——成长型思维（Growth Mindset）和固定性思维（Fixed Mindset）。拥有成长型思维的人认为人的

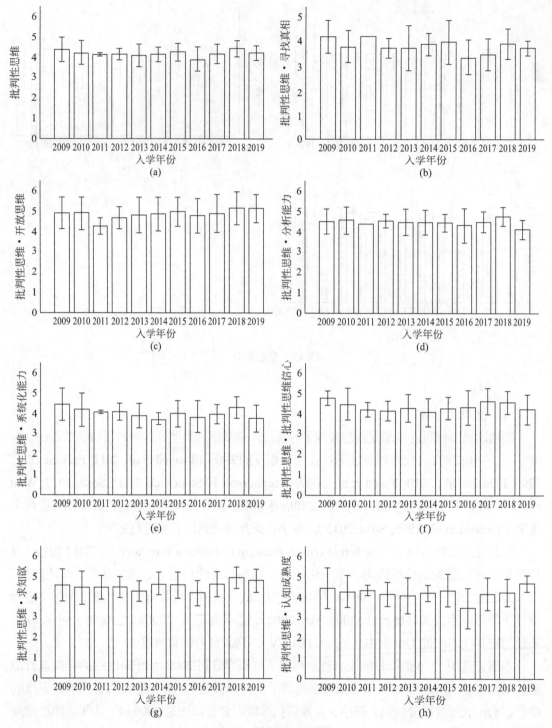

图 4.9　批判性思维得分

智力水平是可变的，即可以通过后天努力得到提升；反之，拥有固定性思维的人认为人的智力水平是一成不变的（Dweck，2000）。拥有不同思维类型的个体在行动上亦有所差别。成长型思维使个体更倾向于将困难的任务当成是提高能力的机会，因而会去寻求富有挑战的经历来锻炼自己的才能。而在固定型思维下，个体会倾向于证明自己的智力和能力，并避免可能失败的场景，因为失败的场景会让人感觉自己的能力或智力存在缺陷。这种思维方式的差异所导致的行为差异会带来不同的结果，如成长型思维的学生较固定性思维的学生成绩更好（Romero et al., 2014; Stipek 和 Gralinski, 1996），成长型思维能够调节贫穷对学习成就的负面影响（Claro et al., 2016）。认知神经科学的研究结果为成长型思维提供了坚实的基础——大脑具有可塑性，即中枢神经系统的结构和功能会由于学习、训练、经验和环境变化而改变，以达到适应和应对的效果。研究表明传授大脑可塑性的相关知识有利于培养学生的成长型思维，进而达到提升学业表现的效果（Blackwell et al., 2007）。此外，还有其他干预方式也可以帮助青少年提高成长型思维的程度，比如对其进行努力取向的表扬而非能力取向的表扬（邢淑芬等，2011）。

成长型思维的测量最早由 Blackwell et al.（2007）提出，共 3 个条目。随后 Dweck 等人（2000）对其进行了修订，形成了 4 个条目的版本。此外 Yeager et al.（2016）从固定型思维的角度进行了测量，即为反向测量成长型思维。目前常用的测量工具是 Dweck 等人（2000）编制的版本，其信效度已在多个研究中得到了验证。

本研究采用的是 Dweck 等人（2000）编制的 4 条目版本，结果如图 4.10 所示。从图中可见，各年级成长型思维得分存在一定差异，其中 2009 级、2014 级、2016 级和 2017 级成长型思维得分较高。

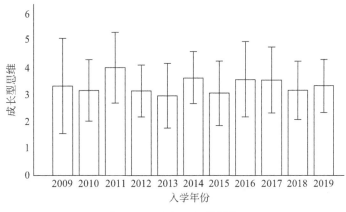

图 4.10　成长型思维得分

5. 领导力

领导力是一个人综合能力中非常重要的一种能力，是一个高素质的人才必不可少的一种能力（罗爱林，2010）。对于大学生来说，具备良好的领导能力是社会和时代的需要。早期的研究中领导力被认为是一种品格特质（traits），领导力被看作是一种与生俱来的能力（邵天，2014），是领导者胜任领导角色的关键。20 世纪中期，研究者逐渐从特质论转为行为论，主要描述领导行为与领导风格，并且认为成功的领导者并不是天生的（李敏，2013），其代表人物 Kouzes 和 Posner 以大学生为对象进行研究，将领导行为分为以身作则（model the way）、共启原景（inspire a shared process）、挑战现状（challenge the process）、使众人行（enable others to act）、激励人心（encourage the heart）五个维度。除此之外，还有领导情境理论、新型领导理论，包括变革型领导、魅力型领导、愿景型领导、服务型领导、家长式领导以及道理型领导理论等。

对人才的选拔来说，领导力是一个非常重要的指标。本研究选用 Kouzes 和 Posner 开发的学生领导力实践行为自测量表（The Student Leadership Practices Inventory-Self Instrument）为评估工具，共 30 个项目，每个项目关注的是特定领导力行为发生的频率，该量表分为"以身作则""共启原景""挑战现状""使众人行""激励人心"五个维度，采用李克特量表 5 点计分。陶思亮（2013）对英文版本量表进行汉化，并且针对不同的中国大学生群体进行了多次试测，结果显示该量表中文版具有良好的信度和效度。

本研究选用了 30 个题目的学生领导力事件行为自测量表对钱学森班 2009 级到 2019 级的 11 个年级的学生进行测量，结果如图 4.11 所示，可以看出钱学森班学生总体领导力实践得分较高，其中 2018 级学生领导力实践得分最高。

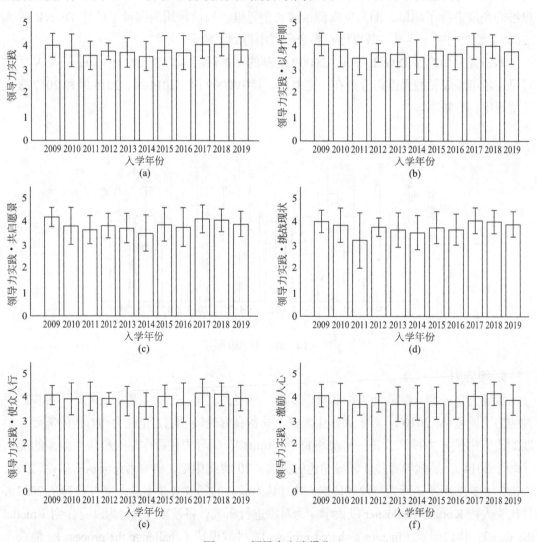

图 4.11　领导力实践得分

6. 生活满意度

生活满意度量表常用来评价个体主观幸福感的认知成分——生活满意度（熊承清和许远理，2009）。生活满意度是指个人对生活经历质量的认知评价，是个体对自己生活质量的主观体验，是衡量一个人生活质量的综合性心理指标（陈世平和乐国安，2001）。Shin（1978）将生活满意度定义为"个体根据他所选择的标准来对自己的生活质量进行全面的评估"。生活满意度与积极情绪和消极情绪等都存在相关，是测量主观幸福感的重要指标。

本研究采用 Diener 等人编制的生活满意度量表（Satisfaction with Life Scale），由五个项目组成，采用李克特量表 7 点计分，从"非常不符合"到"非常符合"，具有良好的信度和效度（Diener, 1985）。该量表应用广泛，在大学生、老人、城市居民中都有良好的施测效果。熊承清和许远理（2009）以一般民众为被试进行测量，分析问卷的信度和效度，发现生活满意度量表是测量一般民众生活满意度有效而可靠的工具。

本研究结果如图 4.12 所示，可以看出 2018 年的钱班学生生活满意度得分最高。

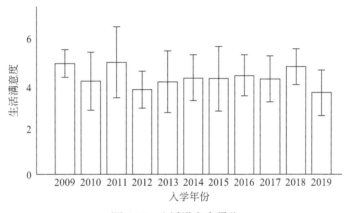

图 4.12　生活满意度得分

7. 积极消极情绪

情绪体验在生活中无处不在，并且不同的情绪体验会带来不同的影响。情绪的分类方法有多种，其中 Watson 和 Tellegen（1985）构建了两维度的模型，将情绪分为了正性情绪（positive affect）和负性情绪（negative affect）。这二者描述了情绪的不同维度。具体来说，正性情绪是指人有热情、主动和警觉的感受，因此高正性情绪是指有高能量、全神贯注并且愉快地投入其中的状态，而低正性情绪则是悲伤和无精打采的状态。负性情绪是指存在主观压力和不愉快地投入，涉及许多负面的心理状态如愤怒、恶心、蔑视、恐惧、紧张、罪恶感等，低负性情绪的表现为冷静和平静（Watson et al., 1988）。对于个体而言，正性情绪能够促进其心理健康和生理健康，如提高主观幸福感、促进身体康复、预防疾病等；正性情绪还能使个体主动探索新颖的事物、提高认知能力、促进人际和谐和社会适应、提高组织效能等（郭小艳和王振宏，2007）。消极情绪也有一定的意义，从进化角度来看消极情绪有帮助人类在生存环境受到威胁的时候生存下来（Fredrickson, 2003），但相较于积极情绪而言，消极情绪对个体的认知和行为以及群体关系会产生较为消极的影响。

由此，正性情绪和负性情绪的测量有利于个体了解自己的情绪状态，进而做出合适的调节和应对。最广为传播的是由 Watson 等人在 1988 年提出的正性负性情绪量表（Positive and Negative Affect Schedule，PANAS），包含 10 个正性情绪词汇和 10 个负性情绪词汇。随后 E. R. Thompson（2007）对其进行了跨文化的修订，形成了简版正性负性情绪量表国际版（International Positive and Negative Affect Schedule Short Form，I-PANAS-SF），条目数量为 PANAS 的一半。这两个量表均具有良好的信效度。

本研究选用了日常情境测量研究使用的 10 题版正性负性情绪量表（Muaremi et al.，2013）。针对钱学森班 2009 级至 2019 级的学生进行测量的结果如图 4.13 所示。图中数据表明，整体而言大家的正性情绪得分高于负性情绪得分，说明日常生活中正性情绪较负性情绪更多。就积极情绪而言，2012 级、2014 级得分偏低，其他年级得分相近。消极情绪得分结果表明 2013 级、2018 级和 2019 级得分偏低，2016 级得分较高。

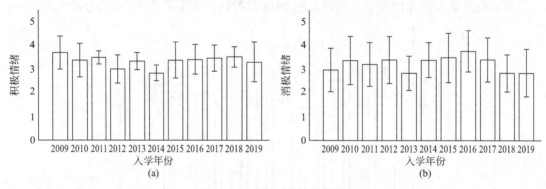

图 4.13　积极消极情绪得分

8. 认知情绪调节

情绪调节是指"个体为实现目标，而对其情绪反应的发生、体验与表达进行监控、评估和修正的内在与外在过程"（朱熊兆等，2007; R. A. Thompson, 1994）。情绪调节与个体的积极情绪、人际关系和幸福感密切相关，良好的情绪调节有助于促进个体的心理健康和社会适应（Gross 和 John，2003）。

目前存在多种测量情绪调节的测评工具，本研究选用的是 Garnefski 等人（2001）编制的认知情绪调节问卷（Cognitive Emotion Regulation Questionaire, CERQ）。传统的情绪调节测评工具通常将情绪调节分为问题指向应对和情绪指向应对两个维度，而 Garnefski 等人认为存在更全面、更合理的维度划分方式。在认知情绪调节问卷中，Garnefski 等人将认知情绪调节划分成自我责备、接受现实、反复思考、积极聚焦、计划聚焦、积极重评、全面觉察、灾难化、指责他人等 9 个维度，即 9 种独立的认知情绪调节策略。其中，自我责备、反复思考等部分维度与焦虑、抑郁相关指标存在紧密的联系。目前认知情绪调节问卷已存在多个中文修订版本（董光恒等，2008; 朱熊兆等，2007; Zhu et al., 2008），本研究中采用的是朱熊兆等修订的中文版本（Zhu et al., 2008）。

对钱学森班 2009 级到 2019 级学生的测量结果如图 4.14 所示。问卷测量了学生使用 9

种认知情绪调节策略的频率,对每种策略1~5计分,1分表示填写者从不使用该策略,5分表示填写者总是使用该策略。整体结果显示,钱学森班的同学使用适应性情绪调节策略(包含接受现实、积极聚焦、计划聚焦、积极重评、全面觉察等5个维度,计分为这些维度的

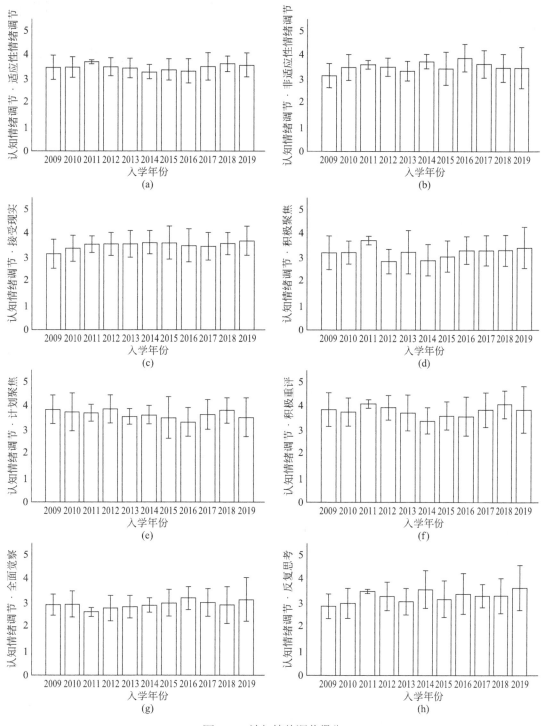

图4.14 认知情绪调节得分

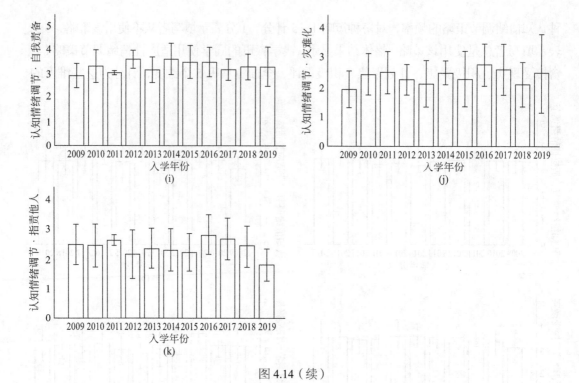

图 4.14（续）

均分）的频率较高，所有级段的计分都在 3 分以上；钱学森班的同学使用非适应性情绪调节策略（包含自我责备、反复思考、灾难化、指责他人等 4 个维度，计分为这些维度的均分）的频率相对较低，所有级段的计分都在 3 分以下。该结果说明在面对负性或不愉快的经历时，钱学森班的同学倾向于使用适应性较强的调节策略，积极应对负性事件。

9. 自尊

别林斯基曾说过，"自尊是一个人灵魂中的伟大杠杆"。作为自我的核心概念之一，自尊可以被解释为在社会判断规律与行为准则下，自我接纳和认可的程度（方平等，2016），也可以解释为个体在表达情感、评估自我概念的过程中，感受到自我的方式（Leary 和 Baumeister, 2000）。关于自尊的概念存在不同观点，但无可争议的是，自尊影响着个体的认知、情感和行为方式，与人格、心理健康的关系十分密切。研究表明，更高的自尊会带来更高的主观幸福感、更积极的自我评价、高自尊的人更加富有在失败中站起来的勇气；而低自尊的人更容易焦虑、抑郁、以消极的方式看待问题，更难以接受失败（Dutton 和 Brown, 1997; Kling et al., 1999; Rosenberg et al., 1995）。除此之外，自尊与自我取向的成就动机存在相关，可以有效地预测学生学业的成功，自尊的测量在人才的选拔中具有格外重要的意义（杨丽珠和张丽华，2003）。

Rosenberg 自尊量表（Rosenberg Self-Esteem Scale, RSES; Rosenberg，1965）是 Rosenberg 于 1965 年编制完成的自陈式量表，五十多年的时间里，其在全球范围内得到了广泛应用（Grey-Little et al., 1997）。田录梅以"自尊"为关键词分析了公开发表的中文论文，探求 RESE 量表的汉化效果，57 篇论文中有 48 篇使用 RSES 量表，田录梅认为 RESE 自尊量表具有以下优点：（1）在中国施测的信、效度较高，在东西方文化中均具有较好的适应性；（2）量表共含有 10 道题，施测简单，有效避免被试者的疲劳和逆反情绪；（3）题目设计中含有正向、反向计分题目，可以避免定向思维，检验被试答题的认真程度（田录梅，2006）。

RESE 量表采用 4 点评分，分值越高表明自尊水平越高。鉴于有文献报告了 Rosenberg 自尊量表的 8 题存在翻译上的不恰当（王孟成等，2010），本次调研采用《性格与社会心理测量总览》第 171 页的翻译版本（杨宜音和张志学译，1998），同时，对第 8 题使用正向计分（申自力和蔡太生，2008），对钱学森班 2009 级到 2019 级的学生进行测量。结果如下，2009 级、2013 级、2015 级、2018 级得分均超过 3 分，其中 2018 级得分最高；2012 级、2014 级、2016 级得分较低，如图 4.15 所示。

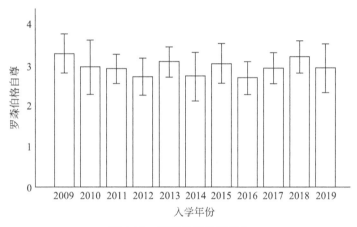

图 4.15　罗森伯格自尊得分

10. 心理资本

资本，代表着价值、资源和优势。经济学家很早意识到了人才资源的重要性，但他们通常认为人的心理资本是无法觉察的（仲理峰，2007）。2004 年，Luthans 在积极心理学和组织行为学的框架下，提出了积极心理资本（positive psychological capital）的概念，并将心理资本定义为"一种可以管理和评估的、个体在成长发展过程中表现出来的积极心理状态"。心理资本包括四个核心因素：自我效能、乐观、希望和心理韧性，这四种成分并非简单加和，而是通过相互作用构成了独一无二心理资本体系（Luthans 和 Youssef，2004）。

自我资本最早应用于人力资源领域。研究表明，高心理资本的员工会有更高的工作绩效，更少的旷工和离职意愿，更愿意为组织付出努力（仲理峰，2007）。积极心理资本作为一种积极的心理取向，也会对大学生的学习产生积极影响，比如，心理资本与大学生学业倦怠呈显著负相关（付立菲和张阔，2010），可以有效地预测大学生学业成绩（张阔等，2011）；心理资本高的个体，自尊、自我效能、正性情感和情感平衡水平较高，更加有战胜困难的信心和从困难中恢复的勇气，同时，具有更少的抑郁、焦虑、偏执情绪（张阔等，2010）。

在当今经济社会的背景下，人才对一个国家的发展至关重要，心理资本的评估是确定人才优势，增加组织绩效的建设性方法。

Luthans 编制的心理资本量表共含有 24 个题目，因具有较高的信效度，依照其翻译的中文版本已经得到了广泛应用。但是，有文献报告了中文版中 3 道反向题目与总分的相关系数较低（小于 0.1；宋洪峰和茅天玮，2012），同时，24 题的题量容易引起被试者的疲劳。本量表删除了反向题目，并在每个维度上挑选了 3 题组成了 12 题简版量表，对钱学森班 2009 级到 2019 级的学生进行测量。

结果如图 4.16 所示，可以看出钱学森班同学心理资本得分接近 U 形曲线，2009—2011 级、2017—2019 级得分较高，2012—2016 级得分较低。在自信、希望、乐观、心理韧性等子维度上，也基本保持了"中间低，两边高"的规律，只是在 2013 级、2019 级出现了个别的升高或者降低的情况。

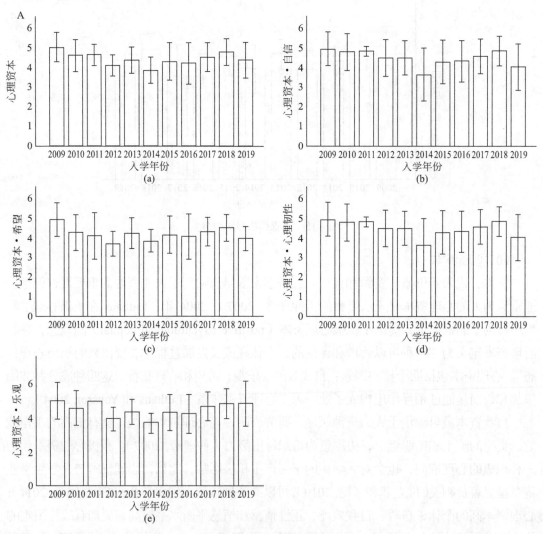

图 4.16　心理资本得分

11. 津巴多时间观念

时间管理与个人生活质量密切相关。善于管理时间的人，具有较强的统筹时间与捕捉合适时机作出决策的能力，有正面的自我观念和幸福生活（黄庭希，2006）。因此，时间观念以及时间管理倾向对创新人才的选拔和培养非常重要。时间洞察力（time perspective, PT）的概念最早由 Frank 于 1939 年提出（王晨，2016），国内对此曾有不同的译法，黄庭希（2004）将其确译为"时间洞察力"，并将其定义为个体对于时间的认知、体验和行动（或行动倾向）的一种人格特质。

Zimbardo 和 Boyd（1999）提出时间洞察力的五个维度包括过去消极（past negative, PN）、过去积极（past positive, PP）、当前享乐（present hedonistic, PH）、当前宿命（present fatalistic, PF）、未来（future, F），依此编制了时间洞察力量表（ZTPI），共 56 个项目，用以评估个体对过去、现在和未来的认知、情绪和行为方式，并在不同国家和文化背景下进行过验证（Wang et al., 2015）。中文版有罗婷婷，吕厚超，张进辅（2011）编制了包括过去、现在和未来三大维度的"青少年时间洞察力问卷"；还有研究者也开发出了仅 20 个项目的简版（Wang et al., 2015），五个维度分别有 4 个测量项目，具有良好的信效度。

对钱学森班 2009 级到 2019 级的学生进行测量，结果如图 4.17 所示，可以看出不同入学年份的钱学森班学生在各个维度上得分情况各异，且均没有表现出明显的趋势。在过去积极维度上，得分最高的是 2011 级学生，得分最低的是 2009 级；过去消极维度上，得分最高的是 2019 级，得分最低的是 2009 级；当前享乐维度上，得分最高的是 2019 级，得分最低的是 2009 级；当前宿命维度上，得分最高的是 2016 级，得分最低的是 2019 级；在未来维度上，得分最高的是 2018 级，得分最低的是 2014 级。

12. 品格优势

品格优势（character strengths）是个体积极发展的重要内容，能够帮助青少年个体更好地适应生活和学习，有利于建立良好的同伴关系、减轻焦虑等（Cillessen 和 Rose, 2005; Park et al., 2006）。对成年人的研究发现，品格优势也会在组织层面产生积极影响，如提升领导力、提高组织有效性等（刘美玲等，2018）。品格优势由 Peterson 和 Seligman（2004）提出，部分中文学者将其译为"性格优势"，描述了 24 种积极人格特质，包括创造力、好奇心、开放性思维、好学、洞察力、勇敢、坚毅、正直、热情、爱与被爱的能力、善良、社会智能、合作、公平、领导力、宽恕、谦逊、审慎、自我调节、对美和卓越的欣赏、感恩、希望、幽默、信仰等。这些人格特质通过认知、情感和行为反映出来。通过培养 24 种积极人格特质，能够获得六大美德——智慧与知识、勇气、仁慈、公正、节制和自我超越。由此形成了优势行动价值分类体系（the values in action classification of strengths, VIA）。这六大美德存在跨文化的普遍性，且可能受到遗传、年龄、性别、宗教信仰等因素的影响（张宁和张雨青，2010）。

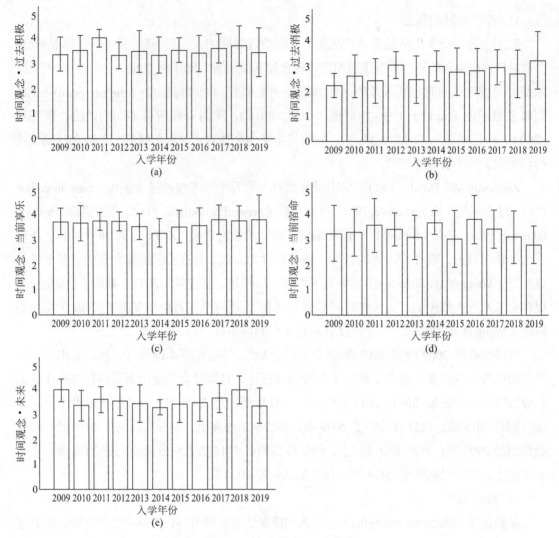

图 4.17　津巴多时间观念得分

　　品格优势的测量工具根据不同群体、文化背景等产生了多种版本，其中具有代表性的是优势行动价值问卷（Values in Action Inventory of Strengths, VIA-IS），已被译作多种语言在全球范围的多个国家和地区进行了测量和验证。VIA-IS 适用于成年群体，而关于青少年的品格优势的测量主要采用的是由其衍生出的青少年行动优势价值问卷（VIA-Youth）（Park 和 Peterson, 2006）。此外还有一些本土化的测量工具如中文长处问卷（CVQ-96）（Duan et al., 2012）。

　　本研究采用了 72 道题目的简版优势行动价值问卷（VIA-IS）对钱学森班 2009 级至 2019 级的学生进行测量，结果如图 4.18 所示。其中，2018 级、2017 级、2009 级在洞察力上得分位居前三，2014 级最低；社会智能上得分最高的分别为 2009 级、2018 级，2012 级最低；2009 级在谦逊维度上得分最高，2010 级最低，其他几级相差不大；在审慎和幽默维度上2018 级得分均为最高。

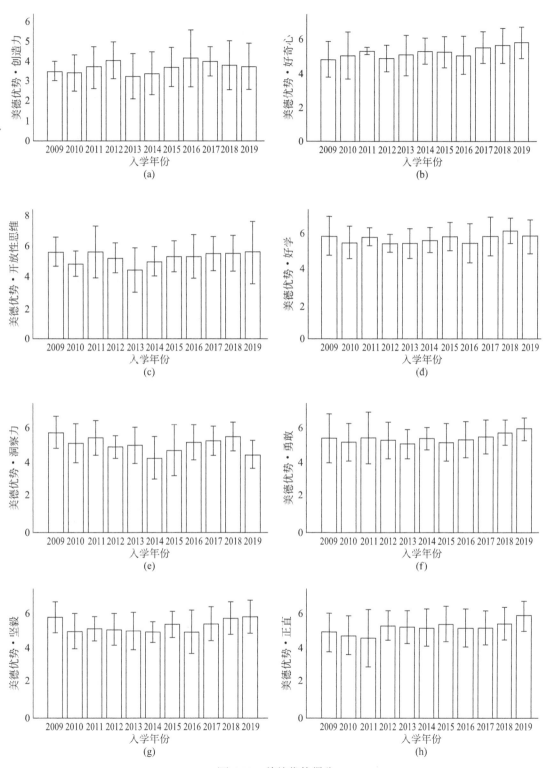

图 4.18 美德优势得分

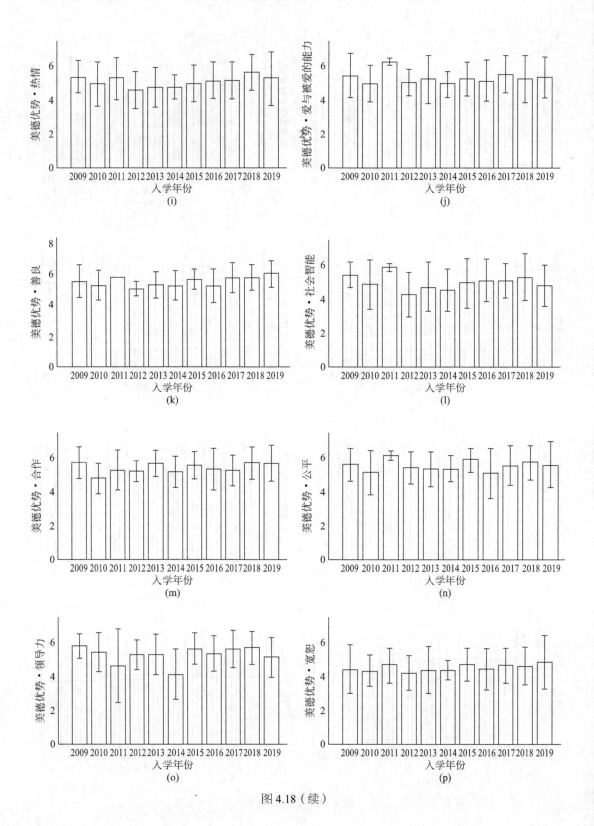

图 4.18（续）

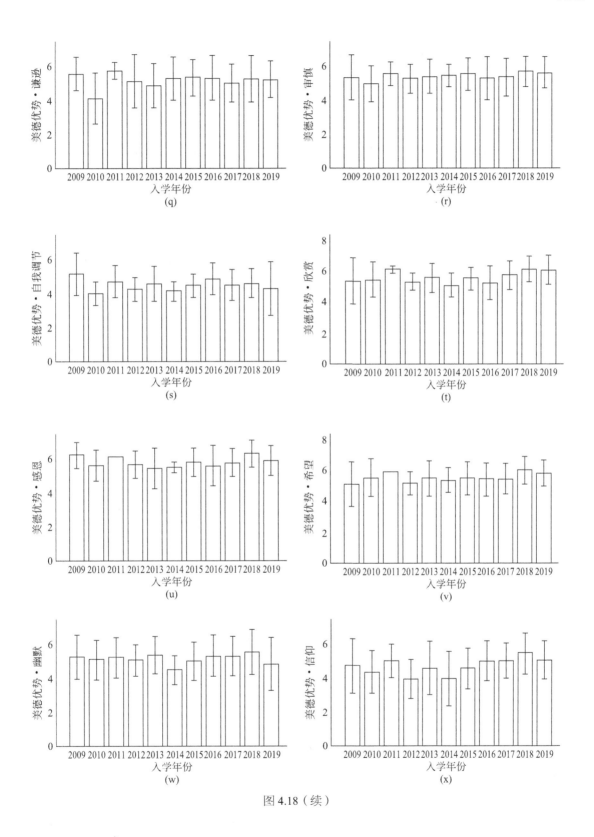

图 4.18（续）

13. 抑郁水平

早在 2000 年，樊富珉和李伟（2000）对清华大学 916 名学生进行了压力调查，结果显示 71.3%的大学生在学习与生活中承受着很大或者较大的心理压力。学生进入钱学森班之后的学习压力可想而知。在长期压力环境下的紧张感和抑郁有着非常密切的关系（Kendler et al., 1999）。长期抑郁常伴随注意力障碍、记忆损害、学习缺陷等，严重者发展为抑郁症，有可能导致永久的优势半脑的功能受损（王卉等，2017），对个体的身心健康都极为不利。因此，对高压环境中的钱学森班学生抑郁情绪的监测是非常必要的。

流调中心用抑郁量表（CES-D）用来评价个体当前抑郁症状的频度，关注点为抑郁情感或心境。该量表共有 20 个条目，测量了抑郁状态的主要六个方面：抑郁心情、罪恶感和无价值感、无助与无望感、精神运动性迟滞、食欲丧失、睡眠障碍。均分范围为 0～3 分，分数越高抑郁出现频度越高。和其他抑郁量表不同，该量表更适用于一般人群调查，用其来评价抑郁心境。本调研采用了该量表，可以看出，钱学森班学生的抑郁水平整体较低，其中 2018 级最低，2016 级最高（见图 4.19）。

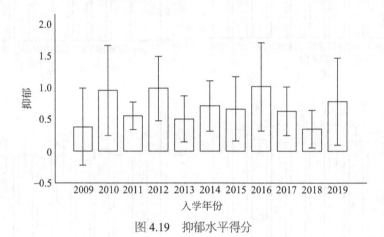

图 4.19　抑郁水平得分

身体健康

14. 睡眠

睡眠是人体消除疲劳、促进生长发育、促进新记忆固化的重要手段（戚东桂等, 2007）。睡眠不足会引发个体的负面状态（如疲劳、瞌睡、精力丧失等）、降低个体的认知功能（如在注意、记忆相关任务方面的表现等），进而影响到个体的日常学习、工作和生活（Durmer 和 Dinges, 2005）。因此，良好的睡眠状况是个体保持健康、精力充沛的前提，也是让个体远离负面状态的先决条件。

为了测量个体的睡眠状况，Buysse 等人（1989）在前人文献和相关测试工具的基础上开发了匹兹堡睡眠质量指数（Pittsburgh Sleep Quality Index, PSQI），包含睡眠质量、入睡时间、睡眠时间、睡眠效率、睡眠障碍、催眠药物、日间功能障碍等 7 个成分。该指标信效度良好，已被广泛用于对睡眠状况的评价和研究中（Buysse et al., 1989; Hall et al., 1998;

Nowell et al., 1999）。刘贤臣等于 1996 年将该指标翻译为中文版本，并验证了其在中国人群中的信效度（刘贤臣等，1996）。研究表明，匹兹堡睡眠质量指数对失眠症患者人群和非失眠症患者人群有较好的区分能力，且与抑郁、焦虑相关的指标存在显著的相关性（刘贤臣等，1996; 路桃影等，2014）。

本研究选用刘贤臣翻译的匹兹堡睡眠质量指数中文版本（刘贤臣等，1996; 汪向东和王希林，1992）。整体结果显示，所有级段的平均睡眠质量总分均小于 7，即不存在整体性的睡眠质量问题。在各级段中，2016 级学生整体睡眠质量总分最低、即睡眠质量最好；2010 级学生整体睡眠质量总分最高，即睡眠质量较差（见图 4.20）。

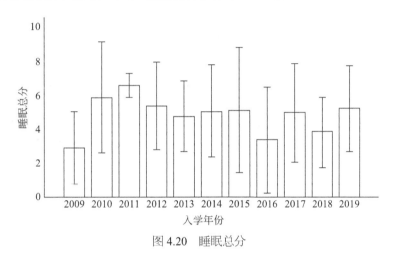

图 4.20 睡眠总分

15. 体育锻炼

国内外诸多研究表明，体育锻炼有益于人的生理健康（季浏，2001; 李茹萍，1994; Crews, 1987）和心理健康（Hannaford, 1988; Landers, 2001; Roth, 1989）。在中国，广义的体育概念与体育运动相同，包括身体教育、竞技运动、体育（身体）锻炼三个方面，身体教育是"有目的、有组织、有计划地促进身体全面发展，增强体质，传授锻炼身体的知识和技能，培养高尚的道德品质和坚强的意志的一个教育过程"；竞技运动指"为了最大限度地发展和不断提高个人、集体在体格、体能、心理及运动能力等方面的潜力，以取得优异运动成绩而进行的科学的、系统的训练和竞赛"；体育（身体）锻炼指"以健身、医疗卫生、娱乐休息为目的的身体活动"（夏祥伟，2005）。

对人才的选拔来说，身心健康是重要且基本的要素。《体育活动等级量表》（PARS-3）由 Hashimoto（1990）提出，梁德清（1994）修订了中文版，包括活动强度、时间与频率三个维度，重测信度为 0.82，以计算出的运动量（强度 ×（时间 – 1）× 频率）作为划分体育活动等级的标准，并使用 SCL-6 测量应激水平，结果发现，参加体育活动，可以消除疲劳，减缓应激。

对钱学森班 2009 级到 2019 级的学生进行测量，结果如图 4.21 所示，可以看出 2016 级运动量得分最高，2014 级运动量得分最低。

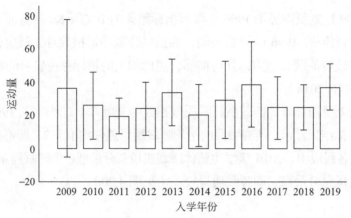

图 4.21　运动量得分

环境

16. 环境支持

当今社会对创造型人才的需求愈来愈旺盛，而人的创新能力被发现与个体和环境因素均存在关联。其中，社会支持或环境支持（environmental support）作为环境因素之一，被发现与个体的创新能力密切相关（Amabile et al., 1996）。根据场景的不同，环境支持主要分为工作环境支持和非工作环境支持，其中工作环境支持包括来自上级的支持和来自同事的支持，非工作环境支持主要是指来自家人的支持，也被称为家庭领域支持。研究表明，环境支持有利于减少员工对工作的消极情绪，进而降低消极情绪对认知资源的消耗，尤其是对创造性活动相关认知资源的占用（Amabile et al., 2005）。来自家庭的支持会让人感受到被爱和被尊重，使人处于更为积极的情绪状态中，而积极的情绪状态被认为能够激发人在思考时产生更多的认知因素并将其相互联结（Clore et al., 1994），有利于创造思维的形成。

目前针对环境支持的测量主要集中在组织行为学领域，用于测量员工所在环境的支持程度，具有代表性的测量工具是，中国学者李永鑫和赵娜（2009）编制的中国文化背景下的工作-家庭支持问卷，测量结果表明有良好的信效度。

本研究采用的是 Madjar et al.（2002）编制的工作与非工作环境对员工创造性的支持量表。该量表由工作支持和非工作支持组成，工作支持包含来自上级和同事的支持，非工作支持包含朋友和家人的支持，一共 12 个条目。钱学森班 2009—2019 级共 11 个年级的测量结果如图 4.22 所示。该量表得分范围为 1~7 分，分数越高表示环境支持更多。从图中可见，钱学森班学生自我报告能够得到一定的环境支持，但整体得分并不高（满分为 7 分）。具体来说，2012 级、2013 级和 2019 级的环境支持得分均低于 5 分，2018 级的环境支持得分较高。

4.2.3　回归、相关结果分析

1. 钱学森班学生人口学变量、心理因素与学术成果的相关分析

调研中各变量和学生学术成果之间的相关关系见表 4.2。入学年份与学生发表的英文论文篇数呈负相关（$r_1 = -0.597$, $p_1 < 0.001$）。父母收入、外部动机中的补偿与学生发表的英

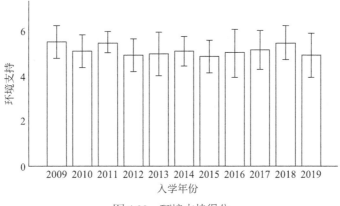

图 4.22　环境支持得分

表 4.2　钱学森班学生人口学变量、心理因素与学术成果之间的相关分析结果（$n = 149$）

变量	英文论文篇数	中文论文篇数	总论文篇数	实用专利数	成果总数
入学年份	−0.597***	−0.441***	−0.645**		−0.654***
父母收入	0.175*				
外部动机-补偿	0.217**		0.193*		0.202*
大五-神经质		−0.269*			
积极情绪		0.199*			
消极情绪		−0.183*			
认知情绪调节-反复思考		−0.178*	−0.169*		−0.168*
认知情绪调节-灾难化		−0.184*			
认知情绪调节-非适应性情绪调节		−0.199*			
罗森伯格自尊		0.269**			
心理资本-乐观		0.181*			
时间观念-过去消极		−0.247**			
美德优势-创造力		−0.185*		0.175*	
美德优势-好奇心			−0.171*		−0.164*
美德优势-社会智能				0.164*	
美德优势-宽恕				0.188*	
美德优势-审慎	−0.168*				
心理资本		0.171*			
催眠药物				0.172*	
批判性思维-寻找真相					0.164*

注：表中数值为 pearson 积差相关

　　* 在 0.05 级别（双尾），相关性显著。** 在 0.01 级别（双尾），相关性显著。*** 在 0.001 级别（双尾），相关性显著。

文论文篇数呈正相关（相关系数依次为 $r_2 = 0.175$, $p_2 = 0.04$; $r_3 = 0.217$, $p_3 = 0.008$）。父母收入高，孩子从小的英文教育水平相对较高，英文写作能力相对更高。和中文论文篇数成正相关的因素有积极情绪、自尊、心理资本（相关系数依次为 $r_4 = 0.199$, $p_4 = 0.015$; $r_5 = 0.269$, $p_5 = 0.001$; $r_6 = 0.181$, $p_6 = 0.027$）；呈负相关的因素有入学年份、大五-神经质、消极情绪、认知情绪调节中的反复思考、灾难化、非适应性调节（相关系数依次为 $r_7 = -0.441$, $p_7 < 0.001$; $r_8 = -0.269$, $p_8 = 0.001$; $r_9 = -0.183$, $p_9 = 0.025$; $r_{10} = -0.178$, $p_{10} = 0.030$; $r_{11} = -0.184$, $p_{11} = 0.025$; $r_{12} = -0.199$, $p_{12} = 0.015$）。综合来看，与成果总数呈正相关的因素有外部动机-补偿、批判性思维-寻找真相（相关系数依次为 $r_{13} = 0.202$, $p_{13} = 0.014$; $r_{14} = 0.164$, $p_{14} = 0.046$）；呈负相关的因素有入学年份、认知情绪调节-反复思考、美德优势-好奇心（相关系数依次为 $r_{15} = -0.654$, $p_{15} < 0.001$; $r_{16} = -0.168$, $p_{16} = 0.04$; $r_{17} = -0.164$, $p_{17} = 0.046$）。可以看出，学生越乐观、越自信、心理资本越高中文论文发表越多；越消极、情绪调节方式越不当，对中文论文发表越不利。

2. 钱学森班学生学术成果与影响因素的回归分析

研究采用序列回归的方法，对影响中英文论文发表篇数的相关指标进行回归分析。其中，入学年份和父母收入为人口统计学变量，将其他相关性显著的指标按是否同属一个量表分层进入模型中。剔除模型中不显著的变量后，得出英文和中文论文发表篇数的序列回归模型分别如表 4.3、表 4.4 所示。最终采用的模型为 R^2 变化量显著的最后一个模型。对英文论文篇数在进入父母收入和入学年份后，其他随后进入变量的回归模型均不显著，因此采用表 4.3 中的第二步模型，$R^2 = 0.405$，调整后 $R^2 = 0.396$，$F(1,136) = 85.454$，$p < 0.001$。对中文论文篇数的回归分析，进入入学年份和罗森伯格自尊得分（第二步模型）时模型依然显著，$R^2 = 0.274$，调整后 $R^2 = 0.264$，$F(1,146) = 16.003$，$p < 0.001$。第三步随后进入大五人格中的神经质人格特质时模型边缘显著，$R^2 = 0.291$，调整后 $R^2 = 0.276$，$F(1,146) = 3.493$，$p = 0.064$。其他随后进入变量的回归模型均不显著。

表 4.3　英文论文发表篇数对各相关指标的回归分析

		β	R^2	Adj R^2	ΔR^2
第一步			0.030	0.023	0.031*
	父母收入	0.175			
第二步			0.405	0.396	0.374***
	父母收入	0.221			
	入学年份	−0.613			
第三步			0.410	0.392	0.005
	父母收入	0.212			
	入学年份	−0.589			
	外部动机-补偿	0.051			
	美德优势-审慎	−0.059			

表 4.4 中文论文发表篇数对各相关指标的回归分析

		β	R^2	Adj R^2	ΔR^2
第一步			0.194	0.189	0.194
	入学年份	−0.441			
第二步			0.274	0.264	0.080
	入学年份	−0.449			
	罗森伯格自尊	0.282			
第三步			0.291	0.276	0.02
	入学年份	−0.443			
	罗森伯格自尊	0.201			
	大五-神经质	−0.154			
第四步			0.298	0.273	0.01
	入学年份	−0.452			
	罗森伯格自尊	0.158			
	大五-神经质	−0.097			
	积极情绪	0.083			
	消极情绪	−0.074			

3. 2013 级学生挑战营测评与本次调研结果

2013 年钱学森班首次通过挑战营招收了 13 名学生进入当年的钱学森班,即 2013 级钱学森班。该级学生在各种活动中都非常活跃,大学四年期间,全班发表论文达 31 篇、申请专利 6 项、同时还获得了校级、市级、国家级、国际多项荣誉,大四时有 5 位同学拿到了麻省理工学院(MIT)的录取通知。其中通过挑战营进入该班的学生胡脊梁同学在大学本科期间发表论文 5 篇,其中一篇是作为第一作者,发表在顶尖的科学期刊 PNAS 上(郑泉水,2018b)。因此,本次调研对 2013 级钱学森班的学生的测评数据进一步关注。但由于本次调研与 2013 年挑战营选拔使用的心理测量工具不同,因此本文中对两次测量的结果主要进行呈现展示,不做深入分析。

涂翠平和樊富珉(2013)将 2013 年钱学森班挑战营的选拔中录取组和未录取组学生的心理测评结果进行了分析,发现"相比非录取组,录取组的情绪管理能力更好,自我肯定程度高,心理问题更少,情绪稳定性更高,事业成就感更强"。

本研究将通过挑战营进入 2013 级钱学森班的 13 名学生当年在挑战营时的心理测评结果与他们在大学四年中的学业成绩进行了相关分析,发现其中只有当年测试的宜人性指标和平均学分绩、专业学分绩呈正相关($r_{18} = 0.606$, $p_{18} = 0.048$; $r_{19} = 0.610$, $p_{19} = 0.046$)。

参与本次调研的 2013 级钱学森班的学生有 13 人，表 4.5 是本次调研结果中相关心理因素与该 13 人学术成果之间的相关分析结果。其中，想象力能力中的起始想象力与英文论文发表篇数、中文论文发表篇数均呈正相关（$r_{20} = 0.609$, $p_{20} = 0.027$; $r_{21} = 0.563$, $p_{21} = 0.045$）；与实用专利项数呈正相关的心理因素有批判性思维中的寻找真相、系统化能力、信心、认知成熟度，美德优势中的公平（$r_{22} = 0.705$, $p_{22} = 0.007$; $r_{23} = 0.599$, $p_{23} = 0.031$; $r_{24} = 0.570$, $p_{24} = 0.042$; $r_{25} = 0.574$, $p_{25} = 0.04$; $r_{26} = 0.579$, $p_{26} = 0.038$），睡眠障碍与之呈负相关（$r_{27} = -0.677$; $p_{27} = 0.011$）。

表 4.5　2013 级学生十周年调研结果——心理因素与学术成果之间的相关分析结果（$n = 13$）

变量	英文篇数	中文篇数	实用专利项数
想象力能力-起始想象力	0.609*	0.563*	
批判性思维-寻找真相		−0.651*	0.705**
批判性思维-开放思想	−0.564*	−0.682*	
批判性思维-系统化能力			0.599*
批判性思维-批判思维的信心			0.570*
批判性思维-认知成熟度			0.574*
生活满意度	0.614*		
美德优势-公平			0.579*
睡眠障碍			−0.677*
批判性思维			0.657*

注：表中数值为 pearson 积差相关

　* 在 0.05 级别（双尾），相关性显著。

　** 在 0.01 级别（双尾），相关性显著。

　*** 在 0.001 级别（双尾），相关性显著。

4.2.4　讨论与总结

本次调查发现，钱学森班历届学生在"五维素质模型"的五个维度：内生动力、开放性、坚毅力、智慧、领导力各个指标上的得分整体较高。在想象力、领导力等指标上从 2009级到 2018 级学生的得分呈现 U 形。其中 2009 级、2018 级在诸多因素，如主动性人格、福流、大五的开放性、尽责性、外倾性、想象力能力、坚毅、批判性思维等指标上得分均进入前三。2017 级的整体得分也名列前茅，在主动性人格、福流、开放性、想象力能力、领导力几个指标上得分进入前二。2018 级得分整体比较突出，在众多积极指标上得分都较高，其中开放性、宜人性、逆抗力、坚毅、批判性思维的得分均为第一。在心理健康相关指标方面，2018 级在各个指标上的得分也相对较高，在生活满意度、积极情绪、自尊等指标上得分达到最高。形成这样结果很难用一两个原因来解释，但是可以猜测的是毕业之后的学生在五维素质能力上有继续的提高，因此得分较高；而2017、2018级由于招生形式的多样化，在招生时更加注重对学生心理素质的测量和选拔，因此这两级学生得分较高。

本次调查发现，钱学森班学生学术研究成果和许多因素都有相关关系。其中，入学年份和年龄对于中英文论文发表、有无专利相关性最大。从这一点可以看出，钱学森班的学生通过本科期间的积累，在日后的发展中，学术成果上有不断的产出，大多数毕业生都走上了学术的道路。

另外，众多积极的心理素质，如积极情绪、罗森伯格自尊、心理资本-乐观、心理资本、主动性人格、坚毅-持续努力、美德优势-好奇心、美德优势-信仰、美德优势-社会智能、美德优势-宽恕等对学生的学术成果都呈现正相关关系；而消极的心理素质，如神经质、消极情绪、不恰当的认知情绪调节方式与学生的学术成果有负相关关系。因此，在招生和培养过程中，确实应该注重培育学生的积极心理品质，正确引导学生调整消极心理状态。

整体来看，本次调研通过对钱学森班历届学生在五维素质和心理健康方面的调查测评，主要发现：（1）钱学森班学生的五维素质、心理健康整体水平较高。总体来看，尤其是最近几年实行多维测评模式招生以来，钱学森班的学生心理素质整体较高。（2）积极心理素质得分高的班级，消极心理素质指标得分相对偏低；反之积极心理素质得分低的班级，消极心理素质指标得分相对较高。积极心理素质和消极心理素质呈现"此消彼长"的态势。（3）积极心理素质对学生日后的学术成长有促进作用。从某种程度上可以看出，钱学森班在招生（2013、2017、2018级实施多维测评）、培养（2016年形成"CRC"培养体系）方面已经有初步成效。

参考文献

陈世平, 乐国安. 2001. 城市居民生活满意度及其影响因素研究[J]. 心理科学(06): 664-666, 765.

池丽萍, 辛自强. 2006. 大学生学习动机的测量及其与自我效能感的关系[J]. 心理发展与教育(02): 64-70.

崔丽霞, 殷乐, 雷雳. 2012. 心理弹性与压力适应的关系:积极情绪中介效应的实验研究[J]. 心理发展与教育, 28(03): 308-313.

董光恒, 朱艳新, 杨丽珠. 2008. 认知情绪调节问卷中文版的应用[J]. 中国健康心理学杂志(04): 456-458.

樊富珉, 李伟. 2000. 大学生心理压力及应对方式——在清华大学的调查[J]. 青年研究(06): 40-45.

方平, 马焱, 朱文龙, 等. 2016. 自尊研究的现状与问题[J]. 心理科学进展, 24(09): 1427-1434.

付立菲, 张阔. 2010. 大学生积极心理资本与学习倦怠状况的关系[J]. 中国健康心理学杂志, 18(11): 1356-1359.

郭小艳, 王振宏. 2007. 积极情绪的概念、功能与意义[J]. 心理科学进展(05): 810-815.

黄庭希. 2004. 论时间洞察力[J]. 心理科学(1): 5-7.

黄庭希. 2006. 时间与人格心理学探索[M]. 北京: 北京师范大学出版社.

季浏. 2001. 体育与健康[M]. 上海: 华东师范大学出版社.

蒋文, 蒋奖, 杜晓鹏, 等. 2018. 坚毅人格与学业成就的关系:学习投入的中介作用[J]. 中国特殊教育(04): 91-96.

李斌. 2005-07-31. 亲切的交谈——温家宝看望季羡林、钱学森侧记[N]. 人民日报(1).

李敏. 2013. 我国青少年学生领导力的测量及其影响因素研究[D]. 武汉: 华中师范大学.

李茹萍. 1994. 谈体育锻炼对人体的影响[J]. 冀东学刊(05): 65-67.

李永鑫, 赵娜. 2009. 工作-家庭支持的结构与测量及其调节作用[J]. 心理学报, 41(09): 863-874.

梁德清. 1994. 高校学生应激水平及其与体育锻炼的关系[J]. 中国心理卫生杂志(8): 5-6.

刘美玲, 田喜洲, 郭小东. 2018. 品格优势及其影响结果[J]. 心理科学进展, 26(12): 2180-2191.

刘密, 龙立荣, 祖伟. 2007. 主动性人格的研究现状与展望[J]. 心理科学进展(02). 333-337.

刘贤臣等. 1996. 匹兹堡睡眠质量指数的信度和效度研究[J]. 中华精神科杂志(02): 103-107.

卢小君, 张国梁. 2007. 工作动机对个人创新行为的影响研究[J]. 软科学(06): 124-127.

路桃影, 李艳, 夏萍, 等. 2014. 匹兹堡睡眠质量指数的信度及效度分析[J]. 重庆医学, 43(03): 260-263.

罗爱林. 2010. 大学生领导能力及其影响因素实证研究[D]. 成都: 西南交通大学.

罗婷婷, 吕厚超, 张进辅. 2011. 青少年时间洞察力问卷编制[J]. 西南农业大学学报（社会科学版）(9): 150-155.

彭美慈, 汪国成, 陈基乐, 等. 2004. 批判性思维能力测量表的信效度测试研究[J]. 中华护理杂志(09): 7-10

戚东桂, 刘荣, 吴晓茜, 等. 2007. 大学生睡眠质量及其影响因素调查[J]. 现代预防医学(05): 875-877.

邱皓政. 2000. 工作动机的内生性与外生性: 台湾与美国大学生动机内涵之计量研究[J]. 应用心理研究: 221-251.

邱婷, 谭文. 2012. 心理弹性的文献综述[J]. 社会心理科学, 27(04): 9-13, 33.

商佳音, 甘怡群. 2009. 主动性人格对大学毕业生职业决策自我效能的影响[J]. 北京大学学报(自然科学版), 45(03): 548-554.

邵天. 2014. 领导力研究综述[J]. 河北工程大学学报(社会科学版), 31(01): 24-25, 38.

申自力, 蔡太生. 2008. Rosenberg 自尊量表中文版条目 8 的处理[J]. 中国心理卫生杂志(09): 661-663.

宋洪峰, 茅天玮. 2012. 心理资本量表在大学生群体中的修订与信效度检验[J]. 统计与决策(21). 106-109.

陶思亮. 2013. 中国大学生领导力实践行为研究——基于全国 17 所高校 1898 名大学生的调查[J]. 领导科学论坛(理论)(12): 38-41.

田录梅. 2006. Rosenberg(1965)自尊量表中文版的美中不足[J]. 心理学探新(02): 88-91.

涂翠平, 樊富珉. (2013). 多元评估在高校拔尖学生选拔中的应用. 清华大学社会科学学院清华大学心理学系（未发表）.

汪向东, 王希林. 1992. 心理卫生评定量表手册[M]. 北京: 中国心理卫生杂志社.

王晨. 2016. 时间洞察力: 问卷修订及对风险驾驶行为的影响[D]. 重庆: 西南大学.

王卉, 王秀超, 戴红, 等. 2017. 心理资本对军校学员学习压力导致焦虑和抑郁的调节作用[J]. 教育教学论坛(22): 218-219.

王孟成, 蔡炳光, 吴艳, 等. 2010. 项目表述方法对中文 Rosenberg 自尊量表因子结构的影响[J]. 心理学探新, 30(03): 63-68.

王孟成, 戴晓阳, 姚树桥. 2010a. 中国大五人格问卷的初步编制 I：理论框架与信度分析[J]. 中国临床心理学杂志, 18(05): 545-548.

王孟成, 戴晓阳, 姚树桥. 2010b. 中国大五人格问卷的初步编制 II：效度分析[J]. 中国临床心理学杂志, 18(06): 687-690.

王孟成, 戴晓阳, 姚树桥. 2011. 中国大五人格问卷的初步编制 III：简式版的制定及信效度检验[J]. 中国临床心理学杂志, 19(04): 454-457.

王夏夏. 2018. 中学生坚毅性与英语成就的关系[D]. 杭州: 浙江大学.

吴曼, 孙雪芹. 2019. 本科护生压力与心理健康的关系:心理弹性的中介作用[J]. 中国健康心理学杂志, 27(02): 304-308.

习近平. 2018. 在中国科学院第十九次院士大会、中国工程院第十四次院士大会上的讲话[N]. 人民日报.

夏祥伟. 2005. 研究生体育锻炼与健康问题的研究[D]. 上海: 华东师范大学.

谢娜, 王臻, 赵金龙. 2017. 12项坚毅量表(12-Item Grit Scale)的中文修订[J]. 中国健康心理学杂志, 25(06): 893-896.

邢淑芬, 俞国良, 林崇德. 2011. 小学高年级儿童的内隐智力理论及其与表扬的关系[J]. 心理发展与教育, 27(03): 255-259.

熊承清, 许远理. 2009. 生活满意度量表中文版在民众中使用的信度和效度[J]. 中国健康心理学杂志, 17(08): 948-949.

杨丽珠, 张丽华. 2003. 论自尊的心理意义[J]. 心理学探新(04): 10-12.

杨宜音, 张志学. 1998. 性格与社会心理测量总览[M]. 台北: 远流出版社.

张剑, 张建兵, 李跃, 等. 2010. 促进工作动机的有效路径:自我决定理论的观点[J]. 心理科学进展(18): 752-759.

张阔, 付立菲, 王敬欣. 2011. 心理资本、学习策略与大学生学业成绩的关系[J]. 心理学探新, 31(01): 47-53.

张阔, 张赛, 董颖红. 2010. 积极心理资本:测量及其与心理健康的关系[J]. 心理与行为研究(8): 58-64.

张宁, 张雨青. 2010. 性格优点: 创造美好生活的心理资本[J]. 心理科学进展, 18(07): 1161-1167.

张振刚, 李云健, 余传鹏. 2014. 员工的主动性人格与创新行为关系研究——心理安全感与知识分享能力的调节作用[J]. 科学学与科学技术管理, 35(07): 171-180.

赵晶, 罗峥, 王雪. 2010. 大学毕业生的心理弹性、积极情绪与心理健康的关系[J]. 中国健康心理学杂志, 18(09): 1078-1080.

郑泉水. 2018a. "多维测评"招生:破解钱学森之问的最大挑战[J]. 中国教育学刊:(05) 36-45.

郑泉水. 2018b. 论创新型工科的力学课程体系[J]. 力学与实践, 40(02): 194-202.

仲理峰. 2007. 心理资本研究评述与展望[J]. 心理科学进展(03). 482-487.

朱熊兆, 罗伏生, 姚树桥, 等. 2007. 认知情绪调节问卷中文版(CERQ-C)的信效度研究[J]. 中国临床心理学杂志(02): 121-124, 131.

AMABILE T M, BARSADE S G, MUELLER J S, et al. 2005. Affect and creativity at work[J]. Administrative Science Quarterly, 50(03): 367-403.

AMABILE T M, CONTI R, COON H, LAZENBY J, et al. 1996. Assessing the work environment for creativity[J]. Academy of Management Journal, 39(05): 1154-1184.

AMERICAN PSYCHOLOGY ASSOCIATION. 2010. The Road to Resilience:What Is Resilience[EB/OL]. [2019-06-02]. https://www.apa.org/helpcenter/road-resilience

BATEMAN T S, CRANT J M. 1993. The proactive component of organizational behavior: A measure and correlates[J]. Journal of Organizational Behavior(2): 103-118.

BLACKWELL L S, TRZESNIEWSKI K H, DWECK C S. 2007. Implicit theories of intelligence predict achievement across an adolescent transition: A longitudinal study and an intervention[J]. Child Development, 78(01): 246-263.

BLOCK J. 1981. Some enduring and consequential structures of personality[M]//A. I. RABIN, J. ARONOFF, A. M. BARCLAY, R. A. ZUCKER (Eds.), Further explorations in personality. New York: Wiley-Interscience: 27-43.

BOWMAN N A, HILL P L, DENSON N, BRONKEMA R. 2015. Keep on Truckin' or Stay the Course? Exploring Grit Dimensions as Differential Predictors of Educational Achievement, Satisfaction, and Intentions[J]. Social Psychological and Personality Science(6): 639-645.

BUYSSE D J, REYNOLDS C F, MONK T H, BERMAN S R, KUPFER D J. 1989. The Pittsburgh Sleep Quality Index - a New Instrument for Psychiatric Practice and Research[J]. Psychiatry Research, 28(02): 193-213.

CHANG C-C, WANG J-H, LIANG C-T, LIANG C. 2014. Curvilinear effects of openness and agreeableness on the imaginative capability of student designers[J]. Thinking Skills and Creativity, 14: 68-75.

CHEN H, WIGAND R T, NILAN M S. 1999. Optimal experience of Web activities[J]. Computers in Human Behavior, 15(05): 585-608.

CILLESSEN A H, ROSE A J. 2005. Understanding popularity in the peer system[J]. Current Directions in Psychological Science, 14(02): 102-105.

CLARO S, PAUNESKU D, DWECK C S. 2016. Growth mindset tempers the effects of poverty on academic achievement[J]. Proceedings of the National Academy of Sciences, 113(31): 8664-8668.

CLORE G L, SCHWARZ N, CONWAY M. 1994. Affective causes and consequences of social information processing[G]//ROBERTS, WYER JR, THOMAS K SRULL. Handbook of Social Cognition Vol.1: Basic Processes. East Sussex: Psychology Press: 323-417.

CONNOR K M, DAVIDSON J R, ANXIETY J D. 2010. Development of a new resilience scale: the Connor-Davidson Resilience Scale (CD-RISC)[J]. Depression and Anxiety, 18(02): 76-82.

COSTA P T, MCCRAE R R. 1992. Normal personality assessment in clinical practice: The NEO personality inventory[J]. Psychological Assessment, 4(01): 5-13.

CREWS D J, LANDERS D M. 1987. A Meta-analytic Review of Aerobic Fitness and Reactivity to Psychosocial Stressors[J]. Medicine and Science in Sports and Exercise, 19(05): S114-S120.

DIENER E, EMMONS R, LARSEN R, GRIFFIN S. 1985. The Satisfaction With Life Scale[J]. Journal of Personality Assessment, 49(01): 71-75.

DUAN W, HO S M, YU B, TANG X, ZHANG Y, LI T, YUEN T. 2012. Factor structure of the Chinese virtues questionnaire[J]. Research on Social Work Practice, 22(06): 680-688.

DUCKWORTH A, QUINN P. 2009. Development and Validation of the Short Grit Scale (Grit-S)[J]. Journal of Personality Assessment, 91(02): 166-174.

DURMER J S, DINGES D F. 2005. Neurocognitive consequences of sleep deprivation[J]. Seminars in Neurology, 25(01): 117-129.

DWECK C. 2000. Self-theories: Their role in motivation, personality, and development[M]. Philadelphia: Psychology Press.

EL-SAYED R S, SLEEM W F, EL-SAYED N M, RAMADA F A. 2011. Disposition of staff nurses' critical thinking and its relation to quality of their performance at Mansoura University Hospital[J]. Journal of American Science, 7(10): 388-395.

FACIONE P A, SANCHEZ C A, FACIONE N C, GAINEN J. 1995. The dispositions towards critical thinking[J]. Journal of General Education(44): 1-25.

FAHIM M, BAGHERKAZEMI M ALEMI. 2010. The relationship between test takers critical thinking ability and their performance on the reading section of TOEFL[J]. Journal of Language Teaching and Research, 1(06): 830-837.

FINKE R A. 1996. Imagery, creativity, and emergent structure[J]. Consciousness and Cognition, 5(03): 381-393.

FREDRICKSON B L. 2003. The value of positive emotions: The emerging science of positive psychology is coming to understand why it's good to feel good[J]. American Scientist, 91(04): 330-335.

GREY-LITTLE B, WILLIAMS V S L, HANCOCK T D. 1997. An Item Response Theory Analysis of the Rosenberg Self-Esteem Scale[J]. Society for Personality and Social Psychology, 23(05): 443-451.

GROSS J J, JOHN O P. 2003. Individual differences in two emotion regulation processes: Implications for affect, relationships, and well-being[J]. Journal of Personality and Social Psychology, 85(02): 348-362.

HALL M, BAUM A, BUYSSE D J, PRIGERSON H G, KUPFER D J, REYNOLDS C F. 1998. Sleep as a mediator of the stress-immune relationship[J]. Psychosomatic Medicine, 60(01): 48-51.

HANNAFORD C P, HARRELL E H, COX K. 1988. Psychophysiological effects of a running program on depression and anxiety in a psychiatric population[J]. The Psychological Record, 38(01): 37-48.

HASHIMOTO K. (1990). Stress, Exercise and Quality of Life Proceedings[C]. Paper presented at the 1990 Beijing Asian Games Scientific Congress.

IP W Y, LEE D T F, LEE I F K, CHAU J P C, WOOTTON Y S Y, CHANG A M. 2000. Disposition towards critical thinking: a study of Chinese undergraduate nursing students[J]. Journal of Advanced Nursing, 32(01): 84-90.

JOHN O P, SRIVASTAVA S. 1999. The Big Five Trait Taxonomy: History, Measurement, and Theoretical Perspectives[G]// L. A. PERVIN O. P. JOHN (Eds.), Handbook of Personality: Theory and Research (2 ed), New York: The Guilford Press: 102-138.

KEITH A DUTTON, BROWN J D. 1997. Global Self-Esteem and Specific Self-Views as Determinants of People's Reactions to Success and Failure[J]. Journal of Personality and Social Psychology, 73(01): 139-148.

KENDLER K S, KARKOWSKI L M, PRESCOTT C A. 1999. Causal relationship between stressful life events and the onset of major depression[J]. American Journal of Psychiatry, 156(06): 837–841.

KIMBERIY A NOELS, RICHARD CLEMENT, PELLETIER L G. 2001. Intrinsic, extrinsic , and integrative orientations of French Canadian learners of English[J]. The Canadian Modern Language Review, 57(03): 424-442.

KRISTEN C KLING, JANET SHIBLEY HYDE, CAROLIN J SHOWERS, BUSWELL B N. 1999. Gender Differences in Self-Esteem: A Meta-Analysis[J]. Psychological Bulletin, 125(04): 470-500.

KUNZENDORF R G. 1982. Mental images, appreciation of grammatical patterns, and creativity[J]. Journal of Mental Imagery(6): 183-201.

KWON N, ONWUEGBUZIE A J, ALEXANDER L. 2007. Critical thinking disposition and library anxiety: Affective domains on the space of information seeking and use in academic libraries[J]. College and Research Libraries, 68(03): 268-278.

LANDERS D M, ARDENT S M. 2001. Physical activity and mental health[G]// R. N. SINGER, HAUSENBLAS H A, JANELLE C M (Ed.). Handbook of Sport Psychology (2nd ed.). New York: John wiley Sons, Inc.: 740-765.

LEARY M R, BAUMEISTER R F. 2000. The Nature And Function of Self-esteem:Sociometer Theory[J]. Advances in Experimental Social Psychology, 32: 1-62.

LIANG C, CHEN S-C, HUANG Y. 2012. Awaken imagination: Effects of learning environment and individual psychology[J]. Journal of Information Communication, 3(01): 93–115.

LIN W S, HSU Y L, LIANG C Y. 2014. The mediator effects of conceiving imagination on academic performance of design students[J]. International Journal of Technology and Design Education, 24(01): 73-89.

LUTHANS F, YOUSSEF C M. 2004. Human, Social, and Now Positive Psychological Capital Management[J]. Organizational Dynamics, 33(02): 143-160.

MACPHERSON R, STANOVICH K E. 2007. Cognitive ability, thinking dispositions, and instructional set as predictors of critical thinking[J]. Learning and Individual Differences, 17(02): 115-127.

MADJAR N, OLDHAM G R, PRATT M G. 2002. There's no place like home? The contributions of work and nonwork creativity support to employees' creative performance[J]. Academy of Management journal, 45(04): 757-767.

MCCRAE R R, COSTA JR P T. 1990. Personality in adulthood[M]. New York: The Guilford Press.

MORRIS ROSENBERG, CARMI SCHOOLER, CARRIE SCHOENBACH & ROSENBERG F. 1995. Global Self-Esteem and Specific Self-Esteem: Different Concepts, Different Outcomes[J]. American Sociological Association, 60(02): 141-156.

MUAREMI A, ARNRICH B, TRÖSTER G. 2013. Towards measuring stress with smartphones and wearable devices during workday and sleep[J]. Bio Nano Science, 3(02): 172-183.

NOWELL P D, REYNOLDS C F, BUYSSE D J, DEW M A, KUPFER D J. 1999. Paroxetine in the treatment of primary insomnia: Preliminary clinical and electroencephalogram sleep data[J]. Journal of Clinical Psychiatry, 60(02): 89-95.

PARK N, PETERSON C. 2006. Moral competence and character strengths among adolescents: The development and validation of the Values in Action Inventory of Strengths for Youth[J]. Journal of Adolescence, 29(06): 891-909.

PARK N, PETERSON C, SELIGMAN M E. 2006. Character strengths in fifty-four nations and the fifty US states[J]. The Journal of Positive Psychology, 1(03): 118-129.

PEARCE J M, AINLEY M., HOWARD S. 2005. The ebb and flow of online learning[J]. Computers in Human Behavior, 21(05): 745-771.

PETERSON C, SELIGMAN M E. 2004. Character strengths and virtues: A handbook and classification[M]. Oxford University Press.

ROMERO C, MASTER A, PAUNESKU D, DWECK C S, GROSS J J. 2014. Academic and emotional functioning in middle school: the role of implicit theories[J]. Emotion, 14(02): 227-234.

ROTH D L. 1989. Acute emotional and psychophysiological effects of aerobic exercise[J]. Psychophysiology, 26(05): 593-602.

SHIN D C, JOHNSON D M. 1978. Avowed happiness as an overall assessment of the quality of life[J]. Social Indicators Research, 5(01-04): 475-492.

SOSU E M. 2013. The development and psychometric validation of a Critical Thinking Disposition Scale[J]. Thinking Skills and Creativity, 9: 107-119.

STIPEK D, GRALINSKI J H. 1996. Children's beliefs about intelligence and school performance[J]. Journal of Educational Psychology, 88(03): 397-407.

SUNG H-Y, HWANG G-J, YEN Y-F. 2015. Development of a contextual decision-making game for improving students' learning performance in a health education course[J]. Computers & Education, 82: 179-190.

TAYLOR J. 2012. Imagination First: Unlocking the Power of Possibility[J]. Childhood Education, 88(01): 64-65.

TERESA M. AMABILE, KARL G. HILL, BETH A. HENNESSEY, TIGHE E M. 1994. The Work Preference Inventory: Assessing Intrinsic and Extrinsic Motivational Orientations[J]. Journal of Personality and Social Psychology, 66(05): 960-967.

THOMPSON E R. 2007. Development and validation of an internationally reliable short-form of the positive and negative affect schedule (PANAS)[J]. Journal of Cross-Cultural Psychology(38): 227-242.

THOMPSON R A. 1994. Emotion regulation: a theme in search of definition[J]. Monographs of the Society for Research in Child Development, 59(02-03): 25-52.

TROTMAN D. 2006. Evaluating the imaginative: situated practice and the conditions for professional judgment in imaginative education[J]. International Journal of Education & the Arts, 7(03): 1-20.

WANG Y, CHEN X J, CUI J F, LIU L L. 2015. Testing the Zimbardo Time Perspective Inventory in the Chinese context[J]. Psych Journal, 4(03): 166-175.

WATSON D, CLARK L A, TELLEGEN A. 1988. Development and validation of brief measures of positive and negative affect: the PANAS scales[J]. Journal of Personality and Social Psychology, 54(06): 1063-1070.

WATSON D, TELLEGEN A. 1985. Toward a consensual structure of mood[J]. Psychological Bulletin, 98(02): 219-235.

WEST R F, TOPLAK M E, STANOVICH K E. 2008. Heuristics and biases as measures of critical thinking: Associations with cognitive ability and thinking dispositions[J]. Journal of Educational Psychology, 100(04): 930-941.

WOLTERS C W O E, HUSSAIN M. 2015. Investigating grit and its relations with college students' self-regulated learning and academic achievement[J]. Metacognition & Learning, 10(03): 293-311.

YEAGER D S, et al. 2016. Using design thinking to improve psychological interventions: The case of the growth mindset during the transition to high school[J]. Journal of Educational Psychology, 108(03): 374-391.

YEH M L. 2002. Assessing the reliability and validity of the Chinese version of the California Critical Thinking Disposition Inventory[J]. International Journal of Nursing Studies, 39(02): 123-132.

ZHU X, AUERBACH R P, YAO S, ABELA J R Z, XIAO J, TONG X. 2008. Psychometric properties of the cognitive emotion regulation questionnaire: Chinese version[J]. Cognition & Emotion, 22(02): 288-307.

ZIMBARDO P G, BOYD J N. 1999. Putting time in perspective: A valid, reliable individual-differences metric[J]. Journal of Personality and Social Psychology, 77(06): 1271-1288.

第 5 章
创造力的概念、理论和影响因素综述

郭双双[1]，杨泽云[1]，孙　沛[1]，郑泉水[2]

（1.清华大学社科学院，北京，100084；2.清华大学航空航天学院，北京，100084）

当前，创新已经成为经济社会发展的主要驱动力，创新能力也已经成为国家竞争力的核心要素，创新精神与创新能力也是衡量人才培养质量的重要指标。但是在教育实践中，对于创新能力的理解和界定仍存在一定的争议，创新能力与创造能力也经常替代使用。美国经济学家熊彼得（1883—1950 年）首次对于创新（innovation）和创造（creation）概念做了区分，他认为创新是发明的第一次商业化应用（陈劲，郑刚，2009）。后续众多学者对于创新概念也有多种解释，目前较为一致的看法是，创新是新设想（或新概念）发展到实际和成功应用的阶段。与创新概念相关，创造则是指人们以开发新颖性、独创性成果为目标，借助有灵感激发的高智能活动，产生新社会价值成果的活动。这些成果可以是新概念、新设想、新理论，也可以是新技术、新工艺、新产品。实际上，创造和创新两个概念紧密相关、互相依存。创造侧重于首创，是一个具体结果，而创新则是创造的过程和目的性结果，侧重宏观影响的结果。例如蒸汽机的出现是创造发明，而将它应用于工业生产则是创新（王洪忠，陈学星，2008）。

在教育领域，创新能力的培养与创造力的培养密切相关，创造力的培养在一定程度上是创新能力培养的基础，两者互为关联、相辅相成。由于创造力与创新能力密切相关，我们在这里主要梳理了心理学领域中有关创造力的研究成果和最新进展。

5.1　创造力的概念

早在 1961 年，Rhodes 收集并分析了当时学界有关创造力的 40 条定义，发现可从个体（persons）、压力（press）、过程（process）、成果（products）四种角度定义创造力（rhodes，1961），直到今天 4P 模型仍是学者进行创造力概念综述的重要分析视角。尽管后来有学者提出 6P 模型，即考虑说服（persuasion）、潜力（potential）的作用（Kozbelt，Beghetto，Runco，2010），但本质上 6P 仍可被归纳在 4P 模型之内，即个体（包含潜能）、环境（包含压力和说服）、过程及成果。

5.1.1 个体

早期研究对于创造力个体应该具备哪些能力素质尚未有统一标准。例如 Guilford（1950）认为，创造力是指具有创造性的人所特有的能力，包括对问题敏感、思维流畅性、灵活性、新颖性、整合能力、分析能力、重新组织或重新定义的能力、概念结构的跨度、评估能力，以及动机、性情等。Rhodes（1961）认为，创造力个体的特质包括人格、智力、气质性情、外貌、特质、习惯、态度、自我概念、价值体系、防御机制、行为等。Barron 和 Harrington（1981）认为，除了被定义为一种社会公认的成就，创造力还可被定义为一种在测试、竞争等情境中所表现出来的能力（如智力、发散思维、聚合思维），在人格上表现出来的对审美体验的高度评价、广泛兴趣、被复杂事物所吸引、精力充沛、独立判断、自主、直觉、自信、能够解决矛盾或调节自我概念中明显相反或冲突的特质，以及坚定地认为自己是"有创造力的"。

近年来，学者们从个体的角度给出了更为明确、统一的定义，即认为创造力是一种能够产生新颖、有用的想法和产品的能力（Benedek, Jauk, Sommer, Arendasy, Neubauer, 2014; Chen et al., 2018; Karwowski, Kaufman, Lebuda, Szumski, Firkowska-Mankiewicz, 2017; Sun et al., 2016）或行为（Zhu, Gardner, Chen, 2018）。具体而言，包括发散思维（Sun et al., 2016）、聚合思维（Lu et al., 2017）等认知能力，经验开放性（Kaufman et al., 2016）等人格特质，活动频率（Jauk, Benedek, & Neubauer, 2014）等行为表现。

5.1.2 环境

目前虽尚未看到有研究将创造力直接定义为创造力环境，但很多定义中均包含了对环境的阐述。例如，有研究者认为，创造力是指"在特定的社会环境下，对新颖、有用之物的生产"（Jung et al., 2009）；刘桂荣，张景焕和王晓玲（2010）认为，创造力是指"产生被特定环境所认可的新颖且适用的产品的能力"。这体现了环境影响创造力的两种机制，即环境对创造力个体的促进或抑制作用、环境对创造力成果的筛选作用，分别对应了 6P 因素中的压力和说服。

具体而言，首先，家庭朋友、工作组织、社会文化等环境均会影响创造力个体。例如，家人朋友对创造力的支持会使个体产生积极情绪，有利于其创造力的发挥（Madjar, Oldham, Pratt, 2002）；在工作组织中，授权型领导会提高员工的心理授权感，进而提高其内部动机及创造力过程投入，从而提高个体创造力（Zhang, Bartol, 2010）；在社会文化里，处于中层社会经济地位的个体，因担心自己被负面评价会导致社会地位的丧失，所以会注意力变窄，思维更加局限，不利于创造力的发挥（Duguid, Goncalo, 2015）。第二，环境对创造力成果具有筛选作用。例如，行业领域中的专家决定了某项创造力产品或成果能否被接受、认可和传播（Csikszentmihalyi, 1996）。

5.1.3 过程

有研究从过程的角度定义创造力，认为创造力是指新颖、有用的想法和产品的产生

（Roskes, De Dreu, Nijstad, 2012）、形成（Li et al., 2015）、发展（Shalley, Zhou, Oldham, 2004），或生产（Simonton, 1999a; Zhang, Bartol, 2010）。有研究则更为明确地指出，创造力是指新颖、有用的想法或结果的产生过程（Leung et al., 2014; Maddux, Galinsky, 2009; Mussel, McKay, Ziegler, Hewig, Kaufman, 2015）。

但创造力过程究竟分为哪些阶段，学者对此尚未有定论。Ellamil, Dobson, Beeman 和 Christoff（2012）认为创造力过程包括想法产生、想法评估两阶段；Liu et al.（2015）认为创造力过程包括想法产生、想法修正两阶段；Zhang 和 Bartol（2010）认为创造力过程包括问题识别、信息搜索和编码、想法产生与更替三阶段；Wallas 认为创造力过程包括准备、孵化、灵感、证实四阶段（Rhodes, 1961）；Csikszentmihalyi（1996）认为创造力过程包括准备期、酝酿期、洞悉期、评价期、精心制作期五阶段；Amabile（1996）认为创造力过程包括问题或任务识别、准备、回应产生、回应验证与传达、结果五阶段；Sawyer（2012）在总结了前人九种创造力过程的论述后提出，创造力过程包括发现问题、获得知识、收集相关信息、酝酿、产生想法、组合想法、选择最优想法、外化想法八阶段。

综上所述，我们发现创造力过程可大致分为如下阶段：问题识别、准备酝酿、想法产生、想法评估、想法修正、想法执行。其中，问题识别是指明确问题或任务目标；准备酝酿是指搜索并积累大量相关信息，同时有意识或无意识地进行信息的分析、整合与联想；想法产生是指"啊哈时刻"（Aha moment），即产生了解决问题的方案或想法；想法评估是指对想法的新颖性、有用性、可行性等各方面进行评判；想法修正，是指对原先提出的想法进行修改的过程；想法执行是指将想法转变为实际的产品或物体，如将想法撰写出来或完成艺术品制作、产品设计等。

创造力过程并不是线性推进的，这主要体现在：第一，需要在不同阶段之间循环往复。例如在准备酝酿阶段，可能会发现任务或问题并没有被明确地定义，因此需要回到第一个阶段去重新识别并定义问题（Amabile, 1996）；第二，不同阶段可能同时发生。例如想法的产生、评估、修正会灵活交替出现，在修正阶段可能会同时伴随着新想法的产生及对新想法的评估（Dane, 2010; Liu et al., 2015）。

5.1.4 成果

有研究者从成果的角度定义创造力。例如 Csikszentmihalyi（1996）认为，创造力是指"改变现有领域或使现有领域变成新领域的任何行为、想法或产品"。目前，研究者普遍同意，一项成果要想被称为"有创造力的"至少需要满足两条标准：新颖和有用（Benedek et al., 2014）。其中，新颖（novel，也称为不寻常/原创/独特，unusual/original/unique），是指创造力成果需要在统计上是罕见的，该标准是创造力成果评价的核心。但仅有新颖是不够的，创造力成果还需是有用的（useful，也称有效/有功用/有价值/匹配/合适/适应，effective/utility/value/fit/ appropriate/adaptive），即能够解决实际问题或满足特定需求，该标准使创造力成果区别于在精神分裂或随机状态下产生的新颖而无用的结果（Amabile, 1982; Runco, Jaeger, 2012）。目前这两条标准受到了学界的普遍认可，Plucker, Beghetto 和 Dow

（2004）对1996—2002年90篇经过同行评议的创造力文章进行分析，发现创造力的外显定义中最常使用的词汇便是"独特"与"有用"。尽管如此，学者们仍在探索是否存在其他更多或更凝练的标准（Runco, Jaeger, 2012）。

除了新颖、有用这两条标准，还有研究从不同角度研究创造力成果。例如从创造力成果的影响水平而言，包括个体内部创造力、日常创造力、专业创造力、杰出创造力成就（Kaufman, Beghetto, 2009）；从创造力成果的影响程度而言，包括接受现状（复制、重新定义、向前推进、加速向前推进）、挑战现状（重新定向、重新建构、重新开始）、整合三种性质（Sternberg, Kaufman, Pretz, 2003）；从创造力成果的所属范畴而言，包括科学创造力、艺术创造力（Kaufman et al., 2016）；从创造力成果的评价方式而言，包括专利数量等客观指标（Squalli, Wilson, 2014）及同感评估技术等主观评价（宋晓辉，施建农，2005; Amabile, 1982）。

5.1.5 本文对于创造力的定义

相比从某一角度定义创造力，本文更加支持一种整合互动的观点，认为创造力定义应至少包括个体、环境、过程、结果四种因素及它们之间的相互作用，正如有研究者提出，"创造力是才能、过程、环境之间的交互作用，通过此个体或群体产生可察觉的产品，该产品在社会情境下被定义为是新颖、有用的"（Plucker et al., 2004）。本文对于创造力的定义是：创造力，是指个体在与环境的良性互动下，经过问题识别、准备酝酿、想法产生、想法评估、想法修正、想法执行等过程，产生在特定环境下被认为是新颖、有用的成果。除了创造力的定义，为建构创造力人才能力素质模型，我们还需要从以往的创造力理论中提取对于创造力具有影响力的个体心理特征。

5.2 创造力理论和个体心理特征识别

5.2.1 创造力成分理论

Amabile（1983；1996）提出创造力的成分理论，认为创造力主要包括三种个体因素（领域相关技能、创造力相关过程、任务动机）及环境因素（社会环境）。其中，领域相关技能包括事实性知识、专业技术、某领域的特殊天赋；创造力相关过程包括适宜的认知风格、利用启发法产生新观点、有益的工作作风，该过程与个体的性格特征、学习经验有关；任务动机包括对任务的基线态度、任务中个体对自身动机和理由的知觉。在创造过程中，三种成分之间也会相互作用，例如提高任务动机会使个体更倾向于发挥创造力相关过程（如打破定势、冒险等），也会促进个体学习并提高领域相关技能。此外，社会环境也会影响上述三种成分。

5.2.2 创造力投资理论

Sternberg和Lubart（1993）提出创造力的投资理论。该理论认为，为产生具有创造力的想法，人们需拥有六种因素，即智力、知识、思维风格、个性特征、内部动机和环境。其中，智力包括重新定义问题的能力及有洞察地思考；知识帮助我们了解某领域的既有事实、重要问题及评价标准；思维风格是指人们如何利用自己的智力和知识，具有创造力思维的人往往享受问题产生、新规则建立及新视角形成的过程并具有全局眼光；个性特征包括容忍模糊、坚持不懈、渴望成长、敢于冒险、相信自己；内部动机是指个体关注任务本身并沉浸其中，而不关注完成任务所带来的成就；环境是指在接受、鼓励、促进创造力的环境中，人们会变得更有创造力，同时人们也需要选择与自己相匹配的创造力环境。

5.2.3 创造力互动理论

Woodman、Sawyer 和 Griffin（1993）提出，我们应从个体与情境互动的角度看待创造力。互动理论主要包括三个层面：个体创造力（individual），影响因素包括认知风格与能力、知识、个性特征、内在动机；团体创造力（group），影响因素包括团体构成（如多样化成员、民主领导、角色安排合理）、团体特征（如规则标准、团体结构、团体大小、凝聚力）、团体过程（如任务目标类型、问题解决策略、信息交换过程）；组织创造力（organizational），影响因素包括组织目标与策略、组织文化、组织结构、资源提供、奖励与评估机制、技术支持等。个体、团体、组织这三个层面之间也会相互影响。

5.2.4 创造力协同理论

Eysenck（1993）认为，创造力成就是由认知能力、性格特征、环境因素协同产生的。其中，认知能力包括智力、习得知识、专业技能、特殊天分（如音乐、语言、数字）；性格特征包括内部动机、自信、不墨守成规、独创性等；环境因素包括政治宗教、文化、社会经济、教育等。上述各因素之间是乘法（而非加法）的关系。

此外，Eysenck（1993）也强调，创造力与精神质倾向（Psychoticism）之间高度相关，精神质倾向也有其 DNA 基础。具体而言，特定的 DNA 会提高多巴胺、降低血清素（5-羟色胺）并影响海马结构，导致认知抑制减弱、潜在抑制减弱、负启动效应减弱，从而使个体产生精神质倾向（此外还可能导致精神分裂症、躁狂抑郁症），精神质倾向有利于形成创造力人格。Feist（1998）也提出类似理论，认为基因会影响个体的脾气秉性，使其在社会、认知、动机、情感等不同维度上表现出不同人格特质，进一步影响了个体的创造力行为。

5.2.5 创造力个体行为-社会领域理论

在 Amabile、Woodman 等人基础上，Ford（1996）对创造力理论进行了两方面的拓展，即区分了促进（或抑制）创造力行为和习惯性行为的因素，并综合考虑了目的性过程和选择性过程。该理论认为，个体创造力行为主要来自意义建构、动机、知识能力及它们之间的相互作用。其中，意义建构（sense making），如以寻找问题为导向会促进创造力行为；动机（motivation）包含目标、关于接受的信念、关于能力的信念、情绪四个方面。例如，若个体的目标是创造性、独立、获得成就，并认为领域接受、奖励创造性行为，相信自己具有创造能力，在情绪上体验到了兴趣或愤怒，便会促进创造力行为；知识和能力（knowledge and ability）包括领域相关知识、行为能力、创造性思维能力。例如，多元型专家、良好的沟通能力，发散思维、远距离联想等均会促进创造力行为。

此外，Ford（1996）还认为，个体的创造力行为会带来变异，影响场域中其他个体（如团队成员、组织中人员、领域专家、消费者等），后者将决定哪些变异可被保留。被保留下来的变异会影响领域（如市场、制度环境、组织、团体），领域也会进一步影响个体的创造力行为，由此形成环形系统。

5.2.6 创造力系统理论

Csikszentmihalyi（1996）认为，创造力由三种成分（即领域、场域和个体）交互作用产生。其中，领域（domain）是指一系列规则、程序的集合，如数学就是一个领域；场域（field）是指对某领域充当"守门人"的个体，他们决定着新想法、新产品能否被接受，例如学术界的同行、期刊评审人等；个体（Person）是指通过使用领域中的符号规则，产生新想法或看到新模式并被场域所认可的人，个体的新想法或行为通常会改变领域，甚至建立新领域。之所以被称为系统理论是因为该理论认为，某个时间点、地点所产生的创造力并不仅取决于个体的创造力水平，还取决于个体的想法和成果在多大程度上能够符合领域、场域的要求，以及被领域、场域所认可和传播。因此，个体在某种情境下可能被认为是有创造力的，在另一情境下则被认为是没有创造力的。

5.2.7 创造力进化理论

Campbell（1960）提出，知识增长的过程实际上包含了盲目变异（blind variation）和选择性保留（selective retention），即人们会通过不断试错以尝试解决问题，而进化中的自然选择会使一些解决方案得以保留。因此，知识增长需要三个条件——用来产生变异的机制、持续选择的过程，以及保留并复制被选变异的机制。Simonton（1999a）进一步提出，创造力的产生实际上也是盲目变异、选择性保留的结果。类似于自然选择，具有创造力的个体会先产生具有原创性的想法，通过认知、社会文化的层层筛选，使那些符合标准（即有用、真理、美感）的想法得以保留。因为原创性想法的先验概率很低，因此它们多来自于盲目变异。虽有批评者认为，进化理论可以解释一切实际上也就什么都没有解释，但Simonton（1999a）认为，创造力的进化理论不仅可以产生更为细致、可供检验的假设，还可作为一种一般性的解释框架存在，并融合其他所有创造力理论。

通过对上述理论的梳理，本文从中提取出影响创造力的六种个体心理特征（表5.1）。从表中可以看出，虽有不同的创造力理论，但它们所包含的个体心理特征却高度重合，这一点在其他理论综述中也发现了类似的情况（Sheeran, Klein, Rothman, 2017）。

表 5.1 创造力理论及个体心理特征

创造力理论		成分理论	投资理论	互动理论	协同理论	个体行为-社会领域理论	系统理论	进化理论
个体因素							√	√
	智力	√	√		√			
	知识	√	√	√	√	√		
	认知	√	√	√	√	√		
	人格	√	√	√	√			
	动机	√	√	√	√	√		
	情绪					√		
环境因素		√	√	√	√	√	√	√

备注：（1）系统理论、进化理论未特别强调某种具体的个体心理特征；（2）除上述个体心理特征外，部分理论还提及了天赋、技能等因素，但因与智力、知识等有所重合，故进行合并。

5.3 个体心理特征与创造力的关系

5.3.1 智力

长期以来，智力与创造力的关系一直存在争议。多元智能理论认为，不同领域中取得创造力成就的人通常具有不同类型的智能，如弗洛伊德具有自我认知智能、爱因斯坦具有逻辑数学智能、毕加索具有空间智能等（加德纳，2012; Gardner, 1993），可见两者之间关系紧密。但也有研究显示，智力与创造力之间的关系几乎可以忽略不计（Kim, 2005）。后有学者提出，智力与创造力之间存在五种可能关系，即智力包含创造力、创造力包含智力、创造力与智力重合、创造力与智力同时发生、创造力和智力不相交，并且每种关系背后均有理论及实证研究的支持（Kaufman, Plucker, 2011）。

近年来，学者普遍认为，智力与创造力之间的关系也许比我们想象的要更加紧密（Jaarsveld et al., 2015; Silvia, 2015）。在两者关系的论述中，最著名的便是阈限理论（Threshold Theory）。该理论认为，当智力低于一定水平时（通常是智力测验中的 120 分），智力与创造力呈正相关；当智力超过该水平时，两者关系变弱，即智力是创造力的必要不充分条件（Kaufman, Plucker, 2011）。

在智力与创造力认知的研究中，行为研究（Jauk, Benedek, Dunst, Neubauer, 2013）和神经研究（Jauk, Neubauer, Dunst, Fink, Benedek, 2015）均显示，流体智力与发散思维之间符合阈限理论。这背后可能是执行功能在发挥作用（Diamond, 2013），例如工作记忆的更新导致了更高的流体智力与发散思维（Benedek et al., 2014; Lee, Therriault, 2013）；在不同概念类别之间的转换是流体智力与发散思维的中介变量（Nusbaum, Silvia, 2011）。此外，还有研究涉及了其他类型的智力及创造力认知，如晶体智力（Karwowski et al., 2016）、语言智力与操作智力（Jung et al., 2009; Lee, Therriault, 2013）及聚合思维（Lee, Therriault, 2013）等。元分析显示，整体而言，智力与创造力认知（发散思维）的相关系数为 $r = 0.174$（Kim, 2005）。

在智力与创造力成果的研究中，尽管采用不同的测量方式，但研究均显示两者具有一定的相关性或预测作用。有研究发现，流体智力与创造力成就之间尽管不再符合阈限理论，但仍为正相关（Jauk et al., 2013）；对全美 50 个州的研究也显示，智力（学生学业成就）与创新水平（人均专利数量）之间为正相关（Squalli, Wilson, 2014）；基于 1035 名参与者的大样本研究显示，智力能够预测科学领域中的创造力成就（Kaufman et al., 2016）；纵向研究显示，儿童时期的低智力水平不太可能产生中年时期的高创造力成就，对于科学、发明、建筑、写作等具有认知要求的领域尤其如此（Karwowski et al., 2017）。元分析显示，整体而言，智力与创造力成果（创造力成就）的相关系数为 $r = 0.167$（Kim, 2008）。

5.3.2 知识

知识会促进还是抑制创造力，一直是研究中争议的热点。一方面，有学者认为，人们不可能在自己不熟悉的领域中取得创造力成就。通过一定时间的精深学习，个体会在某领域内实现知识积累与技术精进，这为其拓展、超越甚至改变该领域提供了可能，也为创造力的产生提供了基础（Ericsson, Krampe, Tesch-Römer, 1993; Weisberg, 2006）。另一方面，也有学者认为，在某领域中大量的知识及经验累积容易使个体难以从全新的视角看待领域相关问题，难以适应领域中产生的新规则和新情境，这种灵活性的丧失将对创造力产生负面影响（Dane, 2010）。

产生上述争议的主要原因之一在于认知的中介作用。具体而言，知识与创造力认知的研究显示，若知识积累使个体拥有更多的概念及概念间联结并能对其进行结合与重组，则有利于认知灵活，尤其有利于增长型创造力想法的产生；但若知识积累导致个体产生了认知稳定性和认知陷入（cognitive entrenchment），则不利于认知灵活性，尤其是会限制变革型创造力想法的产生（Dane, 2010）。但整体而言，知识与创造力认知具有一定的正向关系。元分析显示，知识（学业成就）与创造力认知（发散思维）的相关系数为 $r = 0.23$（Gajda, Karwowski, Beghetto, 2017）。

在知识与创造力成果的研究中，研究者发现要想取得创造力成果不仅需要知识，还需要知识具有一定的深度与广度。具有一定深度的知识能够提高个体的认知复杂性（Mannucci, Yong, 2017），帮助其了解领域中的重要问题和评估标准（Sternberg, Lubart, 1993）；具有一定广度的知识能够拓宽个体认知（Perry-Smith, 2014）、提高认知灵活性（Mannucci, Yong, 2017），而这些因素对于取得创造力成果而言必不可少。Mannucci 和 Yong（2017）基于 2070 名样本的研究显示，知识深度与创造力成就的相关系数为 0.14，知识广度与创造力成就的相关系数为 0.09。类似地，元分析也显示，知识（学业成就）与主观报告的创造力（包括创造力能力的信念、创造力活动、创造力成就等）的相关系数为 $r = 0.12$（Gajda et al., 2017）。

在团队与组织的研究中，同样发现了认知在知识与创造力关系中的重要作用。首先，研究发现，团队知识分享有利于创造力，知识隐藏不利于创造力（Dong, Bartol, Zhang, Li, 2017）。其次，研究显示，当团队成员异质性高时，分享缄默知识更有利于创造力；当团队成员同质性高时，分享显性知识更有利于创造力（Huang, Hsieh, He, 2014），即只有当知识是新颖且能够被个体合理内化时，才有利于创造力。吕洁和张钢（2015）的研究则更为明确地指出，当团队成员的知识存在异质性时，容易产生认知冲突，这些认知冲突可帮助团队成员更好地重新评估现有的观点，有利于创造力的提升。正如 Perry-Smith（2014）所言，"不仅仅是知识的独特性或非冗余知识的累积，而是知识在头脑中的组织方式（影响着创造力）"。

5.3.3　认知

创造力认知主要包括发散思维和聚合思维。其中，发散思维是指针对特定问题或刺激，产生多样、广泛的解决方法或想法的归纳过程；与之相反，聚合思维是一种通过系统地实施规则以获得唯一正确答案的演绎过程（Lee, Therriault, 2013）。

在发散思维与创造力成果的研究中，大部分研究显示两者存在一定的相关。例如，An, Song 和 Carr（2016）研究显示，发散思维与创造力专家表现之间的相关系数为 $r = 0.23$。元分析显示，发散思维与创造力成果（创造力成就）之间相关为 $r = 0.216$（Kim, 2008）。但也有研究质疑两者之间的关系。如有纵向研究显示，发散思维仅与日常生活中的创造力有关，与社会公认的创造力成就无关（Runco, Millar, Acar, Cramond, 2010）。另有研究显示，发散思维对创造力成就并不具有直接的预测关系，但发散思维能够预测每天的创造力活动，创造力活动能够预测创造力成就（Jauk et al., 2014）。上述结果似乎说明作为创造力认知的一种，发散思维对创造力确实至关重要，但想要真正产生具有现实意义的创造力成果，还需要智力、知识、人格、动机等其他因素的共同作用（贡喆，刘昌，沈汪兵，2016）。

有关聚合思维的研究则更具争议。一方面有研究显示，聚合思维（如远距离联想测验）与发散思维、人格开放性等因素无关，但与智力、工作记忆、学业成绩等因素有关（Chermahini, Hickendorff, Hommel, 2012; Lee, Huggins, Therriault, 2014），可见聚合思维与发散思维确实反映了两种不同的认知过程，并且聚合思维测试作为创造力认知指标之一得到广泛应用。另一方面也有研究显示，聚合思维（如脑筋急转弯式顿悟类测验）与现实的创造力活动、创造力成就均无显著相关（Beaty, Nusbaum, Silvia, 2014），未来可通过更多的研究及元分析等方法对聚合思维与创造力的关系进行厘清。

此外，还有研究关注其他认知能力（如批判性思维、类比思维等）与创造力之间的关系。

5.3.4　人格

一直以来，人们都对创造力人才具有哪些人格特质这个问题深深着迷。研究显示，创造力人格兼具领域一般性与领域特殊性。创造力人才的共性表现为经验开放性、更不传统、更不尽责、更自信、自我接纳、有内驱力、雄心壮志、统治性、敌意及冲动（Feist, 1998）。此外，相比科学领域，艺术领域中创造力人才情绪更不稳定、更冷淡、更倾向于拒绝群体标准；相比艺术和非科学领域，科学领域中的创造力人才更加尽责（Feist, 1998, 1999）。

在上述人格特质中，属经验开放性与创造力之间的关系最具鲁棒性。在创造力认知方面，经验开放性与发散思维有关（Kandler et al., 2016; McCrae, 1987）；在创造力人格方面，经验开放性与想象力、好奇心、勇于挑战、勇于冒险等其他创造力人格特质有关（Li et al., 2015）；在创造力行为方面，若任务本身需要独立创新并且上级给予积极正向的反馈，则经验开放性有助于更高的创造力表现（George, Zhou, 2001; Judge, Zapata, 2015）；在创造力成果方面，经验开放性可以预测艺术领域中的创造力成就（Kaufman et al., 2016），也与其他领域中的创造力成就相关（Beaty et al., 2014）。元分析显示，经验开放性对具有创造力的科学家和不具有创造力的科学家具有一定的区分作用，效应量为 $d = 0.40$（Feist, 1998）。

经验开放性与创造力相关的可能机制是：在认知层面上，经验开放性拓宽了个体的认知广度，有助于其接触到更多的信息并觉察到不同信息之间的关联，从而形成了内隐学习（Kaufman et al., 2010; Kaufman et al., 2016）；在行为层面上，经验开放性会使个体更愿意面对并解决具有创造力的问题，并勇于尝试以获得更多元的感觉和经验（Feist, 1998, 1999）。除经验开放性外，还有研究关注外向性（Kandler et al., 2016）、尽责性（George, Zhou, 2001）及其他大五人格（Beaty et al., 2014）与创造力之间的关系。

5.3.5 动机

一直以来，研究者非常关注内部动机、外部动机对创造力的影响。其中，内部动机是指个体投入工作主要是因其本身有趣、有代入感或使个体得到满足；外部动机是指个体因奖励、名誉或他人要求等工作自身之外的原因而完成工作（Amabile, Hill, Hennessey, Tighe, 1994）。

早期研究认为，外部动机与内部动机是对立的，即内部动机促进创造力，外部动机削弱创造力，外部动机削弱内部动机（Amabile, 1985; Lepper, Greene, Nisbett, 1973）。近年来，大部分研究认为，内部动机与特定的外部动机均有利于创造力认知。例如有研究显示，在高认知负荷的情况下，相比低神经质个体，高神经质个体在回忆担忧的事情后产生了更高的内部动机，该内部动机正向预测了其发散思维的表现（Leung et al., 2014）。也有研究显示，自主动机（包括内部动机与认同调节）能够正向预测个体的发散思维与聚合思维表现（张景焕，刘桂荣，师玮玮，付秀君，2011; Peng, Cherng, Chen, Lin, 2013）。

就创造力行为与成果而言，有研究认为内部动机有利于创造力表现，同时支持而非控制、协同而非主导的外部动机也可促进创造力表现（Amabile, 1996; Gerhart, Fang, 2015）。例如，在组织环境中，研究者发现员工的内部动机（Wang, Kim, Lee, 2016）及特定情况下的外部动机（Zhu et al., 2018）均可促进其创造力行为表现。究其原因，可能是内部动机促进了激进型创造力行为，外部动机促进了增长型创造力行为（Zhu et al., 2018）；内部动机可更好地预测表现质量，外部动机可更好地预测表现数量（Cerasoli, Nicklin, Ford, 2014）。元分析显示，内部动机与创造力成果的相关系数为 $r = 0.30$（de Jesus, Rus, Lens, Imaginario, 2013）；外部动机（因创造力表现而获得奖励）与创造力成果的相关系数为 $r = 0.07$（Byron, Khazanchi, 2012）。

动机影响创造力可能是通过两种机制：第一，对注意资源的控制。动机会促使个体在某个问题上投入大量的注意资源并全身心地投入创造过程，从不同角度定义问题、收集广泛且相关的信息、产生大量备选方案，从而提升创造力（Zhang, Bartol, 2010）；第二，动机可使个体在创造过程中投入更多时间或更加坚持（Zhang, Bartol, 2010; Zhu et al., 2018）。其中，内部动机通过上述两种机制影响创造力，外部动机主要通过第二种机制影响创造力（Zhu et al., 2018）。此外，还有研究关注其他形式的动机对创造力的影响（郝宁，汤梦颖，2017）。

5.3.6 情绪

研究者还关注情绪对创造力的影响。就创造力认知而言，积极情绪、消极情绪都可能对其产生促进作用。研究普遍认为，积极情绪对创造力认知具有促进作用（Hirt, Devers, McCrea, 2008）。例如，通过听音乐、舞蹈等方式会提高个体的积极情绪，该积极情绪的提高与发散思维的提高相关（Campion, Levita, 2014）。元分析也显示，相比中性情绪，积极情绪更能促进个体发散思维、聚合思维的表现，其相关系数为 $r = 0.13 - 0.27$（Baas, De Dreu, Nijstad, 2008）。此外，也有研究认为，积极情绪有利于认知灵活，消极情绪有利于认知坚持，因此两者均有利于创造力认知（De Dreu, Baas, Nijstad, 2008）。

类似地，研究者同样认为，积极情绪、消极情绪均可促进创造力表现与成果。元分析显示，相比中性情绪，积极情绪更能促进个体的创造力表现，其相关系数为 $r = 0.09$（Baas et al., 2008）。此外，唤醒度高的积极情绪、消极情绪均有利于创造力过程投入，而创造力过程投入是创造力成果的重要前提条件和预测指标之一。究其原因，可能是因为唤醒度高的积极情绪有利于短期的认知灵活，唤醒度高的消极情绪有利于长期的注意、坚持和努力（To, Fisher, Ashkanasy, Rowe, 2012）。

5.3.7 个体心理特征的元分析总结

根据以往的元分析研究，可知不同的个体心理特征与创造力认知、创造力成果之间的相关强度（见图5.1）。具体而言，智力与创造力认知的相关系数为 $r = 0.17$（Kim, 2005）；智力与创造力成果的相关系数为 $r = 0.17$（Kim, 2008）。知识与创造力认知的相关系数为 $r = 0.23$；知识与创造力成果的相关系数为 $r = 0.12$（Gajda et al., 2017）。创造力认知与创造力成果的相关系数为 $r = 0.22$（Kim, 2008）。人格与创造力成果之间的效应量为 $d = 0.40$（Feist, 1998），根据以往研究及转换公式（Richard, Bond, Stokes-Zoota, 2003; Rosenthal, 1994），该科恩 d 值可转换为相关系数 $r = 0.20$。内部动机与创造力成果的相关系数为 $r = 0.30$（de Jesus et al., 2013）；外部动机与创造力成果的相关系数为 $r = 0.07$（Byron, Khazanchi, 2012）。情绪与创造力认知的相关系数为 $r = 0.13 - 0.27$（Baas et al., 2008）；情绪与创造力成果的相关系数为 $r = 0.09$（Baas et al., 2008）。

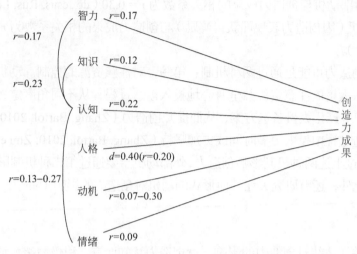

图 5.1　个体心理特征与创造力认知、创造力成果的元分析总结

5.4　总结与展望

创造力，是指个体在与环境的良性互动下，经过问题识别、准备酝酿、想法产生、想法评估、想法修正、想法执行等过程，产生在特定环境下被认为是新颖、有用的成果。创造力受到智力、知识、认知、人格、动机、情绪等个体心理特征的影响，这些个体心理特征又受到环境因素的影响。未来研究还可在以下几方面进一步探索：

第一，创造力个体心理特征存在定义不清、难以大规模施测的问题。例如，Eysenck（1993）提出产生创造力的因素之一是不墨守成规并认为这是一种人格特质，但事实上它也可以代表一种认知风格；洞察力在有的研究中被看作是智力（Sternberg, Lubart, 1993），在有的研究中则被认为是思维风格（金盛华，张景焕，王静，2010）。因此，需要进一步明确个体心理特征的含义和类别。此外，诸如智力、发散思维、聚合思维等需要通过任务进行测量，难以实现大规模施测，未来可考虑开发具有信效度且更容易操作的施测方式。

第二，创造力个体心理特征与创造力成果之间的关系多采用相关研究、纵向研究和结构方程模型等方法，为未来研究提供了可进一步提升的空间：相关研究不能进行因果推断；纵向研究多为前测自变量、后测因变量，且多为对于变量的单次静态测量，未能考虑是否自变量的变化导致了因变量的变化，因此仍不是严格的因果推断；结构方程模型研究中，模型的建立多为理论驱动，缺少对在自然状态下创造力个体心理特征对结果影响路径的提取，因此对于创造力人才能力素质的发展变化路径仍需深入了解。此外，现有研究多考虑单一创造力个体心理特征对创造力成果的影响，缺乏对特征之间相互作用的考量。

第三，创造力个体心理特征的干预技术。现有研究多集中于探讨创造力环境对个体心理特征的影响，但根据创造力的四种组成因素，缺乏对创造力过程的考量，尤其是创造力过程如何影响创造力个体的发展，进而影响创造力成果的产生。此外，创造力人才能力素质的成长发展在现实的教育环境中具有高度复杂性和多元化，因此如何在研究中致力于寻找具有普遍意义规律的同时，充分考虑现实情境中个体化的发展和成长，是创造力研究的重点和难点。

创造力人才的培养不仅是重要的研究课题，更有重大的实践需求。Sawyer（2012）认为，创造力的产生源于对一个问题在长期坚持的积累的基础上所产生的顿悟，并且最好是基于特定情境下所采用的策略和行动，同时个体在团队的交流、沟通和思想碰撞中也更容易产生具有创造力的想法。创造力的研究对现实的教育教学也有巨大的启发。为了培养创造力人才，除了需要帮助其积累大量广博的知识体系，帮助其建立全面的知识架构和跨学科的视野，还需要让个体在某个专业或问题上通过长期的训练达到精深，而有效的训练方式之一就是给予个体一些真实的情境或问题能够让其在处理情境或解决问题的过程中积累知识技能、更新思维认知，并锻炼发挥自身的创造力。此外，我们还需要为个体提供良好的社群文化，鼓励团队成员之间进行开放的、平等的交流和合作，通过不同成员之间意见的交换来促进更多创造力想法的产生。

如何在教育中培养乃至训练创造思维、创造倾向？心理学的研究至少提供了三种思路。第一，在教学中注重与创造力相关的思维方式与行为倾向，从发散思维到批判思维，从思想实验到动手实现，培养的目标是好的思维习惯。这种思路重视的是"思维课程"，培养的是思维品质和习惯，其中也包括对"非智力"因素，如批判意识、冒险精神等的培养。第二，在课程设置和教学上为学生创造空间，鼓励学生根据自己的特长和兴趣对现实、知识和意义进行独特的建构。其最终目的是希望从个体知识结构兴趣点的发展独特性中产生新的思维内容。第三，通过参与特定领域（艺术、科学、技术等）共同体的创造实践活动培养与之相关的习惯、性向、知识，从而形成专长，并跃升到创造新的理念、方法和产品的新水平（戴耘，2013）。

在具体的教育实践中，由于需要兼顾标准化、绩效考核、公平原则等实际要求和情况，对于创造力的重点培养可以采取多种特殊的教育策略。目前北美教育工作者和研究者至少在探讨五种策略：（1）基于学习的本质就是"再创造""再构建"的过程这一基本教育原理，注重教师与学生、学生与学生之间的互动，采用课堂教学、研讨会等多种形式，建立知识学习、探索、创造的共同体。（2）围绕解决真实问题的学习，在解决问题的实践应用中建构知识、提高技能。（3）学科知识的拓展和专业化。学生可以按照自己的兴趣去学习课程体系以外的知识，可以自选课题独立研究，也可以跟随大学教授进行研究工作。让学生有机会对知识进行拓展和深入，有机会走向知识的前列。（4）在互联网时代，知识的获取变得无比方便和快捷，学校不再是知识的唯一来源，因此学习方式也将发生根本的改变，定制化、个性化将成为未来教育的主流方式。（5）一个国家的繁荣富强，很大程度取决于人口中最优秀的少数（约5%）（Rindermann, Sailer, Thompson, 2009）。同时，研究还发现任何一个领域的大部分贡献都是少部分人做出的（Simonton, 1999b）。因此，可以拿出部分资源，通过灵活的课程设置和丰富的教学手段，因材施教地让才学卓著的学生成长为高端创造人才或拔尖创新人才（Sawyer, 2012）。

总之，创造力是人类社会发展和进步的源泉和不竭动力，探寻创造力的本质与培养规律也将是人类亘古不变的课题与挑战。

参考文献

陈劲, 郑刚. 2009. 创新管理[M]. 北京: 北京大学出版社.

戴耘. 2013. 超常能力的本质和培养: 超常教育理论的前沿探索[M]. 刘倩, 译. 上海: 华东师范大学出版社.

贡喆, 刘昌, 沈汪兵. 2016. 有关创造力测量的一些思考[J]. 心理科学进展, 24(01): 31-45.

郝宁, 汤梦颖. 2017. 动机对创造力的作用: 研究现状与展望[J]. 华东师范大学学报(教育科学版), 35(04): 107-114, 138.

加德纳. 2012. 大师的创造力: 成就人生的7种智能[M]. 北京: 中国人民大学出版社.

金盛华, 张景焕, 王静. 2010. 创新性高端人才特点及对教育的启示[J]. 中国教育学刊(06): 5-10.

刘桂荣, 张景焕, 王晓玲. 2010. 创造力游乐场理论及其实践涵义[J]. 心理科学进展, 18(04): 679-684.

吕洁, 张钢. 2015. 知识异质性对知识型团队创造力的影响机制: 基于互动认知的视角[J]. 心理学报, 47(04): 533-544.

宋晓辉, 施建农. 2005. 创造力测量手段——同感评估技术 (cat) 简介[J]. 心理科学进展, 13(06): 739-744.

王洪忠, 陈学星. 2008. 创新能力培养[M]. 北京: 中国海洋大学出版社.

张景焕, 刘桂荣, 师玮玮, 等. 2011. 动机的激发与小学生创造思维的关系: 自主性动机的中介作用[J]. 心理学报, 43(10): 1138-1150.

AMABILE T M. 1982. Social psychology of creativity: A consensual assessment technique[J]. Journal of Personality and Social Psychology, 43: 997-1013.

AMABILE T M. 1983. The social psychology of creativity: A componential conceptualization[J]. Journal of Personality and Social Psychology, 45(02): 357-376.

AMABILE T M. 1985. Motivation and creativity: Effects of motivational orientation on creative writers[J]. Journal of Personality and Social Psychology, 48(02): 393-399.

AMABILE T M. 1996. Creativity in context: Update to the social psychology of creativity[M]. Routledge.

AMABILE T M, HILL K G, HENNESSEY B A, TIGHE E M. 1994. The work preference inventory: Assessing intrinsic and extrinsic motivational orientations[J]. Journal of Personality and Social Psychology, 66(05): 950-967.

AN D, SONG Y, CARR M. 2016. A comparison of two models of creativity: Divergent thinking and creative expert performance[J]. Personality and Individual Differences, 90: 78-84.

BAAS M, DE DREU C K, NIJSTAD B A. 2008. A meta-analysis of 25 years of mood-creativity research: Hedonic tone, activation, or regulatory focus?[J]. Psychological Bulletin, 134(06): 779-806.

BARRON F, HARRINGTON D M. 1981. Creativity, intelligence, and personality[J]. Annual Review of Psychology, 32(01): 439-476.

BEATY R E, NUSBAUM E C, SILVIA P J. 2014. Does insight problem solving predict real-world creativity?[J]. Psychology of Aesthetics, Creativity, and the Arts, 8(03): 287.

BENEDEK M, JAUK E, SOMMER M, ARENDASY M, NEUBAUER A C. 2014. Intelligence, creativity, and cognitive control: The common and differential involvement of executive functions in intelligence and creativity[J]. Intelligence, 46: 73-83.

BYRON K, KHAZANCHI S. 2012. Rewards and creative performance: A meta-analytic test of theoretically derived hypotheses[J]. Psychological Bulletin, 138(04): 809-830.

CAMPBELL D T. 1960. Blind variation and selective retentions in creative thought as in other knowledge processes[J]. Psychological Review, 67(06): 380-400.

CAMPION M, LEVITA L. 2014. Enhancing positive affect and divergent thinking abilities: Play some music and dance[J]. Journal of Positive Psychology, 9(02): 137-145.

CERASOLI C P, NICKLIN J M, FORD M T. 2014. Intrinsic motivation and extrinsic incentives jointly predict performance: A 40-year meta-analysis[J]. Psychological Bulletin, 140(04): 980-1008.

CHEN Q, et al. 2018. Longitudinal alterations of frontoparietal and frontotemporal networks predict future creative cognitive ability[J]. Cerebral Cortex, 28(01): 103-115.

CHERMAHINI S A, HICKENDORFF M, HOMMEL B. 2012. Development and validity of a dutch version of the remote associates task: An item-response theory approach[J]. Thinking Skills and Creativity, 7(03): 177-186.

CSIKSZENTMIHALYI M. 1996. Flow and the psychology of discovery and invention[M]. New York: Harper Collins.

DANE E. 2010. Reconsidering the trade-off between expertise and flexibility: A cognitive entrenchment perspective[J]. Academy of Management Review, 35(04): 579-603.

DE DREU C K W, BAAS M, NIJSTAD B A. 2008. Hedonic tone and activation level in the mood-creativity link: Toward a dual pathway to creativity model[J]. Journal of Personality and Social Psychology, 94(05): 739-756.

DE JESUS S N, RUS C L, LENS W, IMAGINARIO S. 2013. Intrinsic motivation and creativity related to product: A meta-analysis of the studies published between 1990—2010[J]. Creativity Research Journal, 25(01): 80-84.

DIAMOND A. 2013. Executive functions[J]. Annual review of psychology, 64: 135-168.

DONG Y, BARTOL K M, ZHANG Z X, LI C. 2017. Enhancing employee creativity via individual skill development and team knowledge sharing: Influences of dual-focused transformational leadership[J]. Journal of Organizational Behavior, 38(03): 439-458.

DUGUID M M, GONCALO J A. 2015. Squeezed in the middle: The middle status trade creativity for focus[J]. Journal of Personality and Social Psychology, 109(04): 589-603.

ELLAMIL M, DOBSON C, BEEMAN M, CHRISTOFF K. 2012. Evaluative and generative modes of thought during the creative process[J]. Neuroimage, 59(02): 1783-1794.

ERICSSON K A, KRAMPE R T, TESCH-RÖMER C. 1993. The role of deliberate practice in the acquisition of expert performance[J]. Psychological Review, 100(03): 363-406.

EYSENCK H. J. 1993. Creativity and personality: Suggestions for a theory[J]. Psychological Inquiry, 4(03): 147-178.

FEIST G J. 1998. A meta-analysis of personality in scientific and artistic creativity[J]. Personality and Social Psychology Review, 2(04): 290-309.

FEIST G J. 1999. The influence of personality on artistic and scientific creativity[G]// STERNBERG R J. Handbook of creativity. Cambridge: Cambridge University Press.

FORD C M. 1996. A theory of individual creative action in multiple social domains[J]. Academy of management review, 21(04): 1112-1142.

GAJDA A, KARWOWSKI M, BEGHETTO R A. 2017. Creativity and academic achievement: A meta-analysis[J]. Journal of Educational Psychology, 109(02): 269-299.

GARDNER H. 1993. Creating minds: An anatomy as seenthrough the lives of freud, einstein, picasso, stravinsky, eliot, graham and gandhi[M]. Harper Collins Publishers.

GEORGE J M, ZHOU J. 2001. When openness to experience and conscientiousness are related to creative behavior: An interactional approach[J]. Journal of Applied Psychology, 86(03): 513-524.

GERHART B, FANG M. 2015. Pay, intrinsic motivation, extrinsic motivation, performance, and creativity in the workplace: Revisiting long-held beliefs[J]. Annual Review of Organizational Psychology and Organizational Behavior, 2: 489-521.

GUILFORD J P. 1950. Creativity[J]. American Psychologist, 5(09): 444-454.

HIRT E R, DEVERS E E, MCCREA S M. 2008. I want to be creative: Exploring the role of hedonic contingency theory in the positive mood-cognitive flexibility link[J]. Journal of Personality and Social Psychology, 94(02): 214.

HUANG X, HSIEH J J P-A, HE W. 2014. Expertise dissimilarity and creativity: The contingent roles of tacit and explicit knowledge sharing[J]. Journal of Applied Psychology, 99(05): 816-830.

JAARSVELD S, FINK A, RINNER M, SCHWAB D, BENEDEK M, LACHMANN T. 2015. Intelligence in creative processes: An eeg study[J]. Intelligence, 49: 171-178.

JAUK E, BENEDEK M, DUNST B, NEUBAUER A C. 2013. The relationship between intelligence and creativity: New support for the threshold hypothesis by means of empirical breakpoint detection[J]. Intelligence, 41(04): 212-221.

JAUK E, BENEDEK M, NEUBAUER A C. 2014. The road to creative achievement: A latent variable model of ability and personality predictors[J]. European Journal of Personality, 28(01): 95-105.

JAUK E, NEUBAUER A C, DUNST B, FINK A, BENEDEK M. 2015. Gray matter correlates of creative potential: A latent variable voxel-based morphometry study[J]. Neuroimage, 111: 312-320.

JUDGE T A, ZAPATA C P. 2015. The person-situation debate revisited: Effect of situation strength and trait activation on the validity of the big five personality traits in predicting job performance[J]. Academy of Management Journal, 58(04): 1149-1179.

JUNG R E, et al. 2009. Biochemical support for the "threshold" theory of creativity: A magnetic resonance spectroscopy study[J]. Journal of Neuroscience, 29(16): 5319-5325.

KANDLER C, RIEMANN R, ANGLEITNER A, SPINATH F M, BORKENAU P, PENKE L. 2016. The nature of creativity: The roles of genetic factors, personality traits, cognitive abilities, and environmental sources[J]. Journal of Personality and Social Psychology, 111(02): 230-249.

KARWOWSKI M, et al. 2016. Is creativity without intelligence possible? A necessary condition analysis[J]. Intelligence, 57: 105-117.

KARWOWSKI M, KAUFMAN J C, LEBUDA I, SZUMSKI G, FIRKOWSKA-MANKIEWICZ A. 2017. Intelligence in childhood and creative achievements in middle-age: The necessary condition approach[J]. Intelligence, 64: 36-44.

KAUFMAN J C, BEGHETTO R A. 2009. Beyond big and little: The four c model of creativity[J]. Review of General Psychology, 13(01): 1-12.

KAUFMAN J C, PLUCKER J A. 2011. Intelligence and creativity[G]// STERNBRG RJ, KAUFMAN SB. The Cambridge handbook of intelligence. Cambridge: Cambridge University Press.

KAUFMAN S B, DE YOUNG C G, GRAY J R, JIMENEZ L, BROWN J, MACKINTOSH N. 2010. Implicit learning as an ability[J]. Cognition, 116(03): 321-340.

KAUFMAN S B, et al. 2016. Openness to experience and intellect differentially predict creative achievement in the arts and sciences[J]. Journal of Personality, 82: 248-258.

KIM K H. 2005. Can only intelligent people be creative? A meta-analysis[J]. Journal of Secondary Gifted Education, 16(02-03): 57-66.

KIM K H. 2008. Meta-analyses of the relationship of creative achievement to both iq and divergent thinking test scores[J]. The Journal of Creative Behavior, 42(02): 106-130.

KOZBELT A, BEGHETTO R A, RUNCO M A. 2010. Theories of creativity[G]// KAUFMAN J C. The Cambridge handbook of creativity. Cambridge: Cambridge University Press.

LEE C S, HUGGINS A C, THERRIAULT D J. 2014. A measure of creativity or intelligence? Examining internal and external structure validity evidence of the remote associates test[J]. Psychology of Aesthetics Creativity and the Arts, 8(04): 446-460.

LEE C S, THERRIAULT D J. 2013. The cognitive underpinnings of creative thought: A latent variable analysis exploring the roles of intelligence and working memory in three creative thinking processes[J]. Intelligence, 41(05): 306-320.

LEPPER M R, GREENE D, NISBETT R E. 1973. Undermining children's intrinsic interest with extrinsic reward: A test of the "overjustification" hypothesis[J]. Journal of Personality and Social Psychology, 28(01): 129-137.

LEUNG A K-Y, LIOU S, QIU L, KWAN L Y-Y, CHIU C-Y, YONG J C. 2014. The role of instrumental emotion regulation in the emotions–creativity link: How worries render individuals with high neuroticism more creative[J]. Emotion, 14(05): 846-856.

LI W, et al. 2015. Brain structure links trait creativity to openness to experience[J]. Social Cognitive and Affective Neuroscience, 10(02): 191-198.

LIU S, et al. 2015. Brain activity and connectivity during poetry composition: Toward a multidimensional model of the creative process[J]. Human Brain Mapping, 36(09): 3351-3372.

LU J G, HAFENBRACK A C, EASTWICK P W, WANG D J, MADDUX W W, GALINSKY A D. 2017. "Going out" of the box: Close intercultural friendships and romantic relationships spark creativity, workplace innovation, and entrepreneurship[J]. Journal of Applied Psychology, 102(07): 1091-1108.

MADDUX W W, GALINSKY A D. 2009. Cultural borders and mental barriers: The relationship between living abroad and creativity[J]. Journal of Personality and Social Psychology, 96(05): 1047-1061.

MADJAR N, OLDHAM G R, PRATT M G. 2002. There's no place like home? The contributions of work and nonwork creativity support to employees' creative performance[J]. Academy of Management Journal, 45(04): 757-767.

MANNUCCI P V, YONG K. 2017. The differential impact of knowledge depth and knowledge breadth on creativity over individual careers[J]. Academy of Management Journal, 61(05): 1741-1763.

MCCRAE R R. 1987. Creativity, divergent thinking, and openness to experience[J]. Journal of Personality and Social Psychology, 52(06): 1258-1265.

MUSSEL P, MCKAY A S, ZIEGLER M, HEWIG J, KAUFMAN J C. 2015. Predicting creativity based on the facets of the theoretical intellect framework[J]. European Journal of Personality, 29(04): 459-467.

NUSBAUM E C, SILVIA P J. 2011. Are intelligence and creativity really so different? Fluid intelligence, executive processes, and strategy use in divergent thinking[J]. Intelligence, 39(01): 36-45.

PENG S-L, CHERNG B-L, CHEN H-C, LIN Y-Y. 2013. A model of contextual and personal motivations in creativity: How do the classroom goal structures influence creativity via self-determination motivations?[J]. Thinking Skills and Creativity, 10: 50-67.

PERRY-SMITH J E. 2014. Social network ties beyond nonredundancy: An experimental investigation of the effect of knowledge content and tie strength on creativity[J]. Journal of Applied Psychology, 99(05): 831-846.

PLUCKER J A, BEGHETTO R A, DOW G T. 2004. Why isn't creativity more important to educational psychologists? Potentials, pitfalls, and future directions in creativity research[J]. Educational Psychologist, 39(02): 83-96.

RHODES M. 1961. An analysis of creativity[J]. The Phi Delta Kappan, 42(07): 305-310.

RICHARD F D, BOND C F, STOKES-ZOOTA J J. 2003. One hundred years of social psychology quantitatively described[J]. Review of General Psychology, 7(04): 331-363.

RINDERMANN H, SAILER M, THOMPSON J. 2009. The impact of smart fractions, cognitive ability of politicians and average competence of peoples on social development[J]. Talent Development & Excellence, 1(01): 3-25.

ROSENTHAL R. 1994. Parametric measures of effect size[G]// COOPER & L. V. HEDGES (Eds.), The handbook of research synthesis. New York: Russell Sage Foundation.

ROSKES M, DE DREU C K W, NIJSTAD B A. 2012. Necessity is the mother of invention: Avoidance motivation stimulates creativity through cognitive effort[J]. Journal of Personality and Social Psychology, 103(02): 242-256.

RUNCO M A, JAEGER G J. 2012. The standard definition of creativity[J]. Creativity Research Journal, 24(01): 92-96.

RUNCO M A, MILLAR G, ACAR S, CRAMOND B. 2010. Torrance tests of creative thinking as predictors of personal and public achievement: A fifty-year follow-up[J]. Creativity Research Journal, 22(04): 361-368.

SAWYER R K. 2012. Explaining creativity: The science of human innovation[M]. Oxford University Press.

SHALLEY C E, ZHOU J, OLDHAM G R. 2004. The effects of personal and contextual characteristics on creativity: Where should we go from here?[J]. Journal of Management, 30(06): 933-958.

SHEERAN P, KLEIN W M, ROTHMAN A J. 2017. Health behavior change: Moving from observation to intervention[J]. Annual Review of Psychology, 68: 573-600.

SILVIA P J. 2015. Intelligence and creativity are pretty similar after all[J]. Educational Psychology Review, 27(04): 599-606.

SIMONTON D K. 1999a. Creativity as blind variation and selective retention: Is the creative process darwinian?[J]. Psychological Inquiry, 10(04): 309-328.

SIMONTON D K. 1999b. Origins of genius[M]. New York: Oxford University Press.

SQUALLI J, WILSON K. 2014. Intelligence, creativity, and innovation[J]. Intelligence, 46: 250-257.

STERNBERG R J, KAUFMAN J C, PRETZ J E. 2003. A propulsion model of creative leadership[J]. The Leadership Quarterly, 14(04): 455-473.

STERNBERG R J, LUBART T I. 1993. Investing in creativity[J]. Psychological Inquiry, 4(03): 229-232.

SUN J, et al. 2016. Training your brain to be more creative: Brain functional and structural changes induced by divergent thinking training[J]. Human Brain Mapping, 37(10): 3375-3387.

TO M L, FISHER C D, ASHKANASY N M, ROWE P A. 2012. Within-person relationships between mood and creativity[J]. Journal of Applied Psychology, 97(03): 599-612.

WANG X-H, KIM T-Y, LEE D-R. 2016. Cognitive diversity and team creativity: Effects of team intrinsic motivation and transformational leadership[J]. Journal of Business Research, 69(09): 3231-3239.

WEISBERG R W. 2006. Modes of expertise in creative thinking: Evidence from case studies[G]// K. A. ERICSSON, N. CHARNESS, P. J. FELTOVICH, R. R. HOFFMAN (Eds.), The cambridge handbook of expertise and expert performance. Cambridge: Cambridge University Press.

WOODMAN R W, SAWYER J E, GRIFFIN R W. 1993. Toward a theory of organizational creativity[J]. Academy of Management Review, 18(02): 293-321.

ZHANG X, BARTOL K M. 2010. Linking empowering leadership and employee creativity : The influence of psychological empowerment, intrinsic motivation, and creative process engagement[J]. Academy of Management Journal, 53(01): 107-128.

ZHU Y-Q, GARDNER D G, CHEN H-G. 2018. Relationships between work team climate, individual motivation, and creativity[J]. Journal of Management, 44(05): 2094-2115.